吉林省教育科学"十二五"规划课题
《民办高校财务管理人才培养模式的研究——基于服务地方中小企业发展视角》
（项目编号：GH150753）
《吉林省中小企业内部控制执行有效性调查与改进策略研究》
（项目编号：2019B54）阶段性成果

◎ 王莉莉 著

中小企业财务管理改革与创新研究

ZHONGXIAOQIYE CAIWUGUANLI GAIGE
YU CHUANGXIN YANJIU

中国财经出版传媒集团
经济科学出版社
Economic Science Press

图书在版编目（CIP）数据

中小企业财务管理改革与创新研究／王莉莉著．
—北京：经济科学出版社，2020.1
ISBN 978 – 7 – 5218 – 1330 – 2

Ⅰ. ①中…　Ⅱ. ①王…　Ⅲ. ①中小企业 – 企业
管理 – 财务管理 – 研究 – 中国　Ⅳ. ①F279.243

中国版本图书馆 CIP 数据核字（2020）第 025994 号

责任编辑：杜　鹏　常家凤
责任校对：蒋子明
责任印制：邱　天

中小企业财务管理改革与创新研究
王莉莉　著
经济科学出版社出版、发行　新华书店经销
社址：北京市海淀区阜成路甲 28 号　邮编：100142
编辑部电话：010 – 88191441　发行部电话：010 – 88191522
网址：www. esp. com. cn
电子邮箱：esp_bj@ 163. com
天猫网店：经济科学出版社旗舰店
网址：http：//jjkxcbs. tmall. com
固安华明印业有限公司印装
710 × 1000　16 开　15 印张　250000 字
2020 年 1 月第 1 版　2020 年 1 月第 1 次印刷
ISBN 978 – 7 – 5218 – 1330 – 2　定价：68.00 元
（图书出现印装问题，本社负责调换。电话：010 – 88191510）
（版权所有　侵权必究　打击盗版　举报热线：010 – 88191661
QQ：2242791300　营销中心电话：010 – 88191537
电子邮箱：dbts@ esp. com. cn）

前　　言

　　党的十九大报告中强调："要加大对中小企业革新扶持力度"。对中小企业来说，加强企业财务管理，提高自身竞争力尤为关键。我国的中小企业在改革开放的过程中发挥着重要作用，为我国综合国力的提高做出了重要贡献，同时也提供了大量的就业机会，缓解了我国的就业困难问题，在我国的整体经济发展中发挥着不可替代的作用。就我国目前的整体经济发展架构分析，大部分为中小型企业，但是近些年中小企业的整体发展局面一直不容乐观。本书从中小企业财务管理基础理论、基本内容、基本程序以及财务成本控制、财务会计制度改革、财务管理改革与创新等方面，分析我国中小企业财务管理的现状及存在的问题，提出要完善中小企业财务管理对策、规范和优化财务管理行为、创新中小企业财务管理途径，以期贯彻落实党中央、国务院关于"稳增长、促改革、调结构、惠民生、防风险"的有关要求，引导和推动中小企业加强财务管理建设，提升中小企业经营管理水平和风险防范能力。

王莉莉

2020 年 1 月

目　　录

第一章 企业财务管理基础理论

第一节 财务管理概述

一、企业财务活动

企业财务是企业再生产过程中为创造价值而产生的资金筹集、使用、分配、回收等一系列资金运动，以及其所体现的企业与各方面的经济关系。

在市场经济条件下，社会产品依然是使用价值和价值的统一体，它具有二重性：一方面表现为使用价值的生产和交换过程；另一方面表现为价值的形成和实现过程。由于这种价值运动过程可以用货币形式表现出来，通常又把再生产过程中物资价值的货币表现称为资金，进而把物资的价值运动称为资金运动。

企业财务活动是以现金收支为主的企业资金收支活动的总称。其具体体现于以下四个方面。

（一）企业筹资引起的财务活动

企业要进行生产经营活动，需要通过一定的渠道，采用一定的方式，根据资金的需要情况筹集一定数量的资金。企业通过银行贷款，发行股票、债券以及吸收直接投资等方式筹集的资金，表现为企业资金的收入。

（二）企业投资引起的财务活动

企业把筹集到的资金投资于企业内部用于购置固定资产、无形资产等，便形成企业对内投资；企业把筹集到的资金投资于购买其他企业的股票、债券或与其他企业联营进行投资，便形成企业的对外投资。

（三）企业经营引起的财务活动

企业的日常经营活动过程也是资金的耗费和收回过程，包括发生各种成本费用和取得各项收入。企业在经营活动中，要考虑生产要素和商品或劳务的数量、结构、质量、消耗、价格等因素。

（四）企业分配引起的财务活动

企业在经营过程中会产生利润，也可能会因对外投资而分得利润。企业的利润要按规定的程序进行分配。首先，要依法纳税；其次，要用来弥补亏损，提取公积金、公益金。

二、企业财务关系

企业财务关系是企业法人作为财务主体在进行财务活动中所形成的各种经济利益关系。在市场经济条件下，企业的财务关系主要有以下六个方面。

（一）企业同其所有者之间的财务关系

企业同其所有者之间的财务关系，主要指企业的所有者向企业投入资金，以及企业向其所有者支付投资回报所形成的经济关系。企业利用资本金进行经营，实现利润后，应按出资比例或合同、章程的规定，向其所有者分配利润。

（二）企业同债权人之间的财务关系

企业同债权人之间的财务关系，主要指企业向债权人借入资金，并按借款合同的规定按时支付利息和归还本金所形成的经济关系。企业利用债权人的资金后，要按约定的利息率，及时向债权人支付利息，债务到期时，要合理调度资金，按时向债权人归还本金。

（三）企业同被投资单位的财务关系

企业同被投资单位的财务关系，主要指企业将其自有资金以购买股票或直接投资的形式，向其他企业投资所形成的经济关系。随着市场经济的发展，这种关系将会越来越广泛。

（四）企业同债务人之间的财务关系

企业同债务人的财务关系，主要指企业将资金以购买债券、提供借款或商业信用等形式出借给其他单位所形成的经济关系。

（五）企业同政府之间的财务关系

政府作为社会管理者，依法行政，担负着维护社会秩序、组织和管理社会活动、促进经济增长、实现充分就业和国家安全等任务。

（六）企业内部各单位的财务关系

企业内部各单位的财务关系，主要指企业内部各单位之间在生产经营各环节中相互提供产品或劳务所形成的经济关系。

三、财务管理的内容与特征

财务管理是组织企业资金运动、处理企业同各方面的财务关系的一项综合性经济管理工作，是企业管理的重要组成部分。财务管理的对象是资金的循环和周转。

（一）财务管理的内容

1. 筹集企业生存、发展所需资金

企业组织生产经营和对外投资，必须以一定的资金为前提。企业从各种渠道以各种方式筹集资金，是资金运动的起点。企业筹资决策要解决的问题是如何以最低的成本、最小的风险取得企业所需要的资金，包括从何处、何时、采用何种方式筹集资金，筹集多少资金。

2. 进行投资决策

企业投资是为了谋求最大的经济利益。投资及其回收实质上是资金的流出与流入。企业购置各种资产和证券或进行项目投资等，都需要资金流出；企业运用各种资金、出售证券或回收项目投资时，就产生了资金流入。正常情况下，企业的资金流入要大于资金流出，才会使资金不断增值，使企业运营实现良性循环，使企业价值得到提高。

3. 控制营运资金

企业在日常生产经营活动中，会发生一系列的资金收付，如购买材料、支付工资或其他营业费用、销售收入的收回等。如果现有的资金不能满足企业经营的需要，就需要采取短期借款的方式来筹集所需资金。企业的营运资金主要是为满足日常营业活动的需要而垫支的资金，在价值上，营运资金表现为流动资产与流动负债的差额。营运资金的周转与企业的生产经营周期具有一致性。在一定时期内资金周转越快，就越是可以用较少的资金流出，取得较多的资金流入。

4. 确定企业利润分配方案

企业的利润分配是指在企业赚得的利润中，有多少作为股利发放给股东，有多少留在企业再投资。从另一个角度分析，利润分配问题也是企业的内部筹资问题。利润分配决策的制定受到公司未来的投资机会、各种资金来源及成本、股东对当期收入和未来收入预期偏好等因素的影响，企业应根据自身的具体情况确定合理的利润分配政策。

（二）财务管理的特征

1. 财务管理是一项综合性管理工作

财务管理主要是运用价值形式对经营活动实施管理，即通过价值形式，把企业的一切物质条件、经营过程和经营结果都合理地加以规划和控制，达到企业效益不断提高，财富不断增加的目的。

2. 财务管理与企业各部门具有密切联系

在企业中，一切涉及资金的收支活动，都与财务管理有关。事实上，企业内部各部门与资金不发生联系的现象是很少见的。

3. 财务指标能灵敏反映企业生产经营状况

在企业管理中，决策是否得当，经营是否合理，技术是否先进，产销是否顺畅，都可迅速地在企业财务指标中得到反映。如果企业生产的产品适销对路，质量优良可靠，则可带动生产发展，实现产销两旺、资金周转加快、盈利能力增强的目的，这一切都可以通过各种财务指标迅速地反映出来。财务部门应通过自己的工作，向企业领导及时汇报有关财务指标的变化情况，以便把各部门的工作都纳入提高经济效益的轨道上来，从而努力实现财务管理的目标。

四、财务管理的基本假设

财务管理的基本假设又称财务假设，是指决定财务管理理论与方法存在和发展的各种前提条件。科学的财务假设必须符合以下要求。

第一，应对财务行为的空间范围作出尝试性的鉴别和说明。财务运行机制应局限在特定的活动空间之内，在这一特定的活动空间里呈现出丰富多彩的财务活动。

第二，财务假设应有助于进一步推理。财务假设与财务学科中的一系列具体财务概念和方法程序存在着直接相关性的特征。

第三，财务假设应有多样性和可修正性。财务假设是人们对财务管理经验或事实材料经过抽象思维构成的逻辑体系。这个逻辑体系是以有限的事实和观察为依据的，因而不是一成不变的。

第四，财务假设要贴切、通俗。所谓贴切，是指它能反映出财务学科的特殊性，同财务学科的内涵相一致。

（一）财务主体假设

财务主体假设包含着两层含义。

其一，理财主体是指具有独立资金、独立或相对独立物质利益的法人经济实体。公司制的建立、发展和完善，标志着企业作为独立于所有者的法人地位的形成。经理阶层的人员通常不拥有占支配地位的股权，或者严格地说，他们是所有者的代理人。然而，经理阶层在事实上对企业行使控制权。因此，所有者与经理阶层之间必然存在潜在的利益冲突。一旦这种冲突由潜在转化为现实，财务经理则直接承担并围绕法人利益而非单个股东的意愿和利益行事。

其二，财务理性人假设。这一假设是指财务管理活动是由具有理性的、合格的财务人员，即财务理性人进行的。财务理性人虽然有各种动机和欲望，但是，如果把各种管理动机一并考虑，则情况十分复杂，完整的财务管理理论无法建立。

（二）财务依据假设

这一假设是指人们高度重视并实施财务管理是有充分依据的。其具体含义在于以下两方面。

（1）财务资源具有普遍的可选择性。财务活动是表现在资金筹措、资金投入、资金耗费、资金收回及分配等一系列环节上的动态行为。

（2）财务关系的多重性。企业资金的运动，不仅表现为资金总量的变化和资金存在形态的转换，而且必然产生一定的财务关系，即与资金收支、结算有关的经济联系。财务关系不是单一的，而是多重的，甚至是错综复杂的。

（三）财务行为可控性假设

这一假设是指财务主体能够计量、约束、指挥和干预财务对象。这是基于以下两点考虑的：第一，对企业财务管理系统产生重大影响的环境因素，主要有市场、金融、税收、生产和供销等。这些因素是不确定的。第二，在财务行为中使用的各种信息是不确定的。因为这些信息是通过各种渠道、各个部门和层次逐渐汇聚起来的，从而不可避免地产生"过滤效应"，即在信息的传递过程中会因信息的传递者和接收者主观取舍不同，造成信息失真、变形或残缺，由此便增加了财务管理的应变难度。

从整体上说，财务假设是财务概念和财务程序与方法的逻辑起点。随着财务概念的演绎扩展，财务程序和方法的运用分析，财务假设不断得以检验和修正，从而形成财务科学的动态系统。

第二节　财务管理的目标与环境

一、企业财务管理的目标

财务管理作为企业管理的一个子系统，必然要为实现企业管理目标服务。因此，财务管理目标要服务并服从于企业的目标，同时，还要充分体现财务管理自身特点。

（一）企业的目标及其对财务管理的要求

企业，作为不同于行政事业单位的营利性组织，其自成立那一天起就注定具有逐利性。但我们知道，企业要想获利，首先要解决生存问题。生存是获利的基础，但企业要想源源不断地获取丰厚利润，还要不断地发展自己，只有这样，才能更好地获取利润。

1. 生存

生存是企业的首要目标，是实现发展、获利目标的基础。企业生存的"土壤"是市场，包括商品市场、金融市场、人力资源市场、技术市场等。企业在生存过程中，一方面付出货币，从市场上换取生产经营所需的资源；另一方面提供市场需要的商品或服务，从市场上换回货币。

企业生存的另一个基本条件是到期偿债。企业为扩大业务规模或满足经营周转的临时需要，可以向其他个人或法人借债。

由上可知，企业生存的两个基本条件若不能满足，就会形成对企业生存的两个主要威胁：一个是长期亏损，它是企业终止的内在原因；另一个是不能偿还到期债务，它是企业终止的直接原因。亏损企业为维持运营被迫进行债务融资，借新债还旧债，迟早会借不到钱而无法周转，从而不能偿还到期债务。盈利企业也可能出现"无力支付"的情况，主要是借款扩大业务规模，为偿债必须出售不可缺少的厂房和设备，使生产经营无法继续下去。

2. 发展

企业只有不断发展才能更好地生存。企业的生产经营如"逆水行舟"，不进则退。在科技不断进步的现代经济中，产品不断更新换代，企业必须不断推出更好、更新、更受顾客欢迎的产品，才能在市场中立足。

企业的发展集中表现为扩大收入。扩大收入的根本途径是提高产品的质量，扩大销售的数量，这就要求不断更新设备、技术和工艺，并不断提高各种人员的素质，也就是要投入更多、更好的物质资源、人力资源，并改进技术和管理。

3. 获利

企业作为营利性组织，其出发点和归宿都是盈利。企业必须能够获利，才有存在的价值。已经建立起来的企业，虽然有改善职工收入、改善劳动条件、扩大市场份额、提高产品质量、减少环境污染等多种目标，但是，盈利是最具综合能力的目标，也是企业的终极目标所在。

从财务上看，盈利就是使资产获得超过其投资的回报。在市场经济中，没有"免费使用"的资金，资金的每项来源都有其成本。每项资产都是投资，都应当是生产性的，要从中获得回报。因此，通过合理、有效地使用资金使企业获利，是对财务管理的第三个要求。

综上所述，企业的目标是生存、发展和获利。企业的这些目标要求财务管理完成筹措资金并有效地投放和使用资金的任务。企业的成功乃至于生存，在很大程度上取决于过去和现在的财务政策。

（二）企业的财务管理目标

财务管理目标（goal of financial management），又称理财目标，是指企业进行财务活动所要达到的根本目的，是评价企业组织财务活动、处理财务关系合理性的基本标准。它是企业财务管理工作的行为导向，是财务人员工作实践的出发点和归宿。因此，科学地设置财务管理目标，对优化理财行为、实现财务管理的良性循环具有重要的意义。

中外关于企业财务管理目标的综合表达，有以下三种最具代表性的观点。

1. 利润最大化

利润最大化（profit maximization）目标就是假定在投资预期收益确定的情况下，财务管理行为将朝着有利于企业利润最大化的方向发展。以追逐利润最大化作为财务管理的目标，其主要原因有三：一是人类从事生产经营活动的目的是为了创造更多的剩余产品，剩余产品的多少可以用利润这个价值指标来衡量；二是在自由竞争的资本市场中，资本的使用权最终属于获利最多的企业；三是只有每个企业都最大限度地获得利润，整个社会的财富才可能实现最大化，从而带来社会的进步和发展。同时，利润是企业补充资本、扩大经营规模的源泉。

利润最大化目标在实践中存在以下难以解决的问题：①这里的利润是指企业一定时期实现的税后净利润，它没有考虑资金时间价值；②没有反映创造的利润与投入的资本之间的关系；③没有考虑风险因素，高额利润往往要承担过大的风险。

2. 每股收益最大化

所有者作为企业的投资者，其投资目标是取得资本收益，具体表现为净利润与出资额或股份数（普通股）的对比关系，这种关系可以用每股收益（earnings per share）这一指标来反映。

每股收益最大化的目标将企业实现的利润额同投入的资本或股本数进行对比，能够说明企业的盈利水平，可以在不同资本规模的企业或同一企业不同期间之间进行比较，揭示其盈利水平的差异。

3. 企业价值（或股东财富）最大化

股东投资创办企业的目的是创造尽可能多的财富，他们是企业的所有者，企业价值最大化（company value maximization）就是股东财富最大化（stockholder wealth maximization）。未来现金流量的现值这一概念，包含了资金的时间价值和风险价值两个方面的因素。

相比较前两种观点，以企业价值最大化作为财务管理目标，其优点有：①该目标考虑了资金的时间价值和风险价值，有利于统筹安排长短期规划、合理选择投资方案、有效筹措资金、合理制订股利政策等；②该目标反映了对企业资产保值增值的要求，从某种意义上说，股东财富越多，企业市场价值就越大，追求股东财富最大化的结果可促使企业资产保值或增值；③该目标有利于克服管理上的片面性和短期行为。

以企业价值最大化作为财务管理的目标，存在以下问题：①对于非股票上市公司，这一目标值不能依靠股票市价作出评判，而需通过资产评估方式进行，出于评估标准和评估方式的影响，这种估价不易客观和准确；②公司股价并非为公司所控制，其价格波动也并非与公司财务状况的实际变动相一致，这对公司实际经营业绩的衡量也带来了一定的困难；③为控股或稳定购销关系，不少企业相互持股。法人股东对股价的敏感程度远不及个人股东，对股价最大化目标没有足够的兴趣。

（三）财务管理目标的基本特征

财务管理目标具有稳定性、多元性和层次性三个基本特征。研究这些特征对确定财务管理目标体系具有重要意义。

1. 财务管理目标在一定时期具有相对稳定性

任何一种财务管理目标，都是一定政治、经济环境的产物。随着环境因素的变化，财务管理目标又会发生变化。我国改革开放前后以及随着企业改革的不断深化，财务管理的目标也大致有"产值最大化""利润最大化""财富最大化"几种提法。

2. 财务管理目标具有多元性

财务管理目标的多元性是指财务目标不是单一的，而是适应多因素变化的综合目标群。现代企业财务管理是一个系统，其目标也是一个多元的有机构成体系。在这个体系中，处于支配地位、起指导作用的是主导目标，处于被支配地位、对主导目标的实现有配合作用的目标是辅助目标。

3. 财务管理目标具有层次性

财务管理目标之所以具有层次性，主要是因为财务管理的内容可以划分为若干层次。财务管理内容的这种层次性和细分化，使财务管理目标成为一个由整体目标、分部目标和具体目标三个层次构成的层次体系。

二、影响财务管理目标实现的因素

财务管理的目标是企业价值的最大化，股票价格代表了股东财富，反映了企业价值，因此，股价高低反映了财务管理目标的实现程度。

从公司管理当局可控制的因素看，股价的高低取决于企业的报酬率和风险，而企业的报酬率和风险又是由企业的投资项目、资本结构和股利政策决定的。

1. 投资报酬率

在风险相同的情况下，提高投资报酬率可以增加股东财富。公司的盈利总额不能反映股东财富。

2. 风险

任何决策都是面向未来的，并且会有或多或少的风险。决策时需要权衡风险和报酬，才能获得较好的结果。

3. 投资项目

投资项目是决定报酬率和风险的首要因素。一般说来，被企业采纳的投资项目，应该能够增加报酬，否则企业就没有必要为它投资。与此同时，任何项目都有风险，区别只在于风险大小不同。因此，企业的投资计划会改变其报酬率和风险，并影响股票的价格。

4. 资本结构

资本结构会影响报酬率和风险。资本结构是指企业所有者权益与负债的比例关系。一般情况下，当借债的利率低于其投资的预期报酬率时，公司可以通过借债提高预期每股盈余，但同时这样也会扩大预期每股盈余的风险。

5. 股利政策

股利政策也是影响报酬率和风险的重要因素。股利政策是指公司赚得的盈余中，有多少作为股利发放给股东，有多少保留下来以备再投资之用，以便使未来的盈余源泉得以维持的政策。股东既希望分红，又希望每股盈余不断增长。

三、股东、经营者和债权人利益的冲突与协调

股东和债权人都为企业提供了财务资源，但是他们处在企业之外，只有经营者即管理当局在企业里直接从事管理工作。股东、经营者和债权人之间构成了企业最重要的财务关系。企业是所有者即股东的企业，财务管理的目标是指股东的目标。

（一）股东与经营者

1. 经营者的目标

在股东和经营者分离以后，股东的目标是使企业价值最大化，千方百计要求经营者以最大的努力去完成这个目标。经营者也是最大合理效用的追求者，其具体行为目标与委托人不一致。他们的目标有以下三点。

（1）增加报酬，包括物质和非物质的报酬。

（2）增加闲暇时间，包括较少的工作时间、工作时间里较多的空闲和有效工作时间中较小的劳动强度等。

（3）避免风险。经营者努力工作可能得不到应有的报酬，他们的行为和结果之间有不确定性，经营者总是力图避免这种风险，希望付出一份劳动便得到一份报酬。

2. 经营者对股东目标的背离

经营者的目标和股东不完全一致，经营者有可能为了自身的目标而背离股东的利益。这种背离表现在两个方面。

（1）道德风险。经营者为了自己的目标，不是尽最大努力去实现企业财务管理的目标。他们没有必要为提高股价而冒险，股价上涨的好处将归于股东，如若失败，他们的"身价"将下跌。他们不做什么错事，只是不十分卖力，以增加自己的闲暇时间。

（2）逆向选择。经营者为了自己的目标而背离股东的目标。

3. 防止经营者背离股东目标的方法

（1）解聘。这是一种通过所有者约束经营者的办法。

（2）接收。这是一种通过市场约束经营者的办法。如果经营者经营决策失误、经营不力，未能采取一切有效措施使企业价值提高，该公司就可能被其他公司强行接收或吞并，相应经营者也会被解聘。

（3）激励。激励是将经营者的报酬与其绩效挂钩，以使经营者自觉采取能提高股东财富和企业价值的措施。激励通常有两种基本方式：①"股票期权"方式。它是允许经营者以固定的价格购买一定数量的公司股票，当股票的市场价格高于固定价格时，经营者所得的报酬就越多。②"绩效股"形式。它是公司运用每股收益、资产收益率等指标来评价经营者的业绩，视其业绩大小给予经营者数量不等的股票作为报酬。

（二）股东与债权人

债权人出借资金的目的是到期时收回本金，并获得约定的利息收入；公司借款的目的是用它扩大经营，投入有风险的生产经营项目，两者的目标并不一致。

债权人事先知道借出资金是有风险的，并把这种风险的相应报酬纳入利率。通常要考虑的因素包括：公司现有资产的风险、预计公司新增资产的风险、公司现有的负债比率、公司未来的资本结构等。

（1）股东不经债权人的同意，投资于比债权人预期风险更高的新项目。如果高风险的计划侥幸成功，超额的利润归股东独享；如果计划不幸失败，公司无力偿债，债权人与股东将共同承担由此造成的损失。

（2）股东为了提高公司的利润，不征得债权人的同意而指使管理当局发行新债，致使旧债券的价值下降，使旧债权人蒙受损失。旧债券价值下降的原因是发行新债后公司负债比率加大，公司破产的可能性增加，如果企业破产，旧债权人和新债权人要共同分配破产后的财产，使旧债券的风险增加、价值下降。

债权人为了防止其利益被损害，除了寻求立法保护，如破产时优先接管、优先于股东分配剩余财产等之外，通常采取以下措施。

（1）限制性借债，即在借款合同中加入限制性条款，例如规定资金的用途、规定不得发行新债或限制发行新债的数额等。

（2）收回借款或停止借款，即当债权人发现公司有损害其债权价值意图时，拒绝进一步合作，采取收回债权和不给予公司增加放款，从而来保护自身的权益。

（三）企业目标与社会责任

企业的目标和社会的目标在许多方面是一致的。企业在追求自己的目标时，自然会使社会受益。例如，企业为了生存，必须要生产出符合市场需求的产品，满足人民群众的物质文化需要；企业为了获利，必须提高劳动生产率，改进产品质量，改善服务，从而提高社会生产效率和公众的生活质量。

财务管理目标的另外一个重要方面是考虑社会责任和道德规范，这里有多方面需要考虑。首先，如果财务管理是寻求股票价格最大化，那么，与消费者需求模式有关的经营就要有效率，管理要得法。企业在价值最大化方面越成功，可供社会分配的产品质量就越好，数量就越大。其次，近年来，"外部性"的重要性不断增加。作为举足轻重的经济机构，企业必须慎重考虑其政策和行动对社会整体的影响。很长一段时间以来，人们认识到外部经济环境对企业决策至关重要。企业经营活动总体水平的波动，金融市场的相对变化，雇员、消费者和各种利益团体的期望，构成了外部环境的几个重要方面，企业必须作出反应，以取得长期财富的最大化。最后，现代企业制度根据"所有"与"经营"相分离的原则，职业化的经理人员在履行受托责任过程中，法制观念、社会公德、公正廉洁和对事业的忠诚等方面始终如一的表现，也都会形成企业巨大的精神财富，对于提高企业信誉，开拓美好的经营前景，促进企业经营、财务管理目标的顺利实现，意义非凡。

一般说来，企业只要依法经营，在谋求自己利益的同时就会使公众受益。但是，法律不可能解决所有问题，况且目前我国的法制尚不健全，企业有可能在合法的情况下从事不利于社会的事情。

四、财务管理环境概述

企业的财务管理活动是在一定的环境中进行的，受环境变化的影响和制约。金融环境是企业实现经济利益的媒介和手段，税收环境是企业微观利益与宏观利益协调的杠杆，法律环境是企业追求合法经济利益的基本保证，自然环境是企业生存和发展的基础。

（一）财务管理环境的意义

财务管理环境是对企业财务管理活动产生影响作用的内、外部因素，是企业财务决策的约束条件。财务管理环境对企业财务管理的意义在于以下三方面。

（1）培育企业的财务管理能力。理财主体对理财环境的适应程度反映了理财主体的财务管理能力，而适应环境变化的前提是熟悉财务管理环境。

（2）科学、合理地进行财务决策。财务决策的前提是财务预测，财务预测必须建立在对财务管理环境分析的基础上。

（3）实施战略财务管理。战略财务管理是在对企业内、外部环境因素分析的基础上，对企业资金运动进行全局性、长期性和创造性的筹划，确保财务战略的实施。

（二）财务管理的主要环境

1. 金融环境

金融环境是影响企业融通资金最主要的外部环境，其内容包括金融市场、金融工具、金融机构、利率和金融管理等。

（1）金融市场。金融市场（financial markets）是进行资金融通的场所，大多数企业都需要从金融市场上取得资金以求生存和发展，这两项与金融市场密切相关的工作构成了财务管理的主要内容。

第一，金融市场对企业财务管理的意义。

金融市场对于企业理财的重要性表现为以下两方面。

金融市场是企业调整资金结构、提高资金利用效率的场所。企业根据经营活动的变化需要把长短期资金相互转化。

金融市场为企业理财提供有价值的信息。利率的变动反映资金的供求状况；证券市场的行情从宏观上反映着一国的总体经济状况和政策情况，从微

15

观上反映投资者对企业经营状况的评价。它们是企业经营决策的重要依据。

第二，金融市场的分类。

金融市场按营业的性质，可分为资金市场、外汇市场、黄金市场、保险市场。

（2）金融工具。金融工具是资金需求者向资金提供者借入资金时出具的具有法律效力的票据证券。它包括债权债务凭证和所有权凭证，一个健全的金融市场必须具有优良的金融工具。金融工具具有流动性、收益性、风险性的特点。流动性是指金融工具可以在短期内不受损失地变现的属性。收益性是指金融工具的收益率的高低。

20世纪70年代以来，在全球金融创新浪潮中出现的高科技产品—衍生金融工具（derivation financial instruments）引起了人们的广泛关注。衍生金融工具又称派生金融工具，它是根据股价、利率、汇率等未来的行情趋势，采用支付少量保证金或权利金签订跨期合同或互换不同金融工具等交易形式的新兴金融工具。衍生金融工具从诞生到现在的一段时间里，显示出了强大的生命力和破坏力，表现在：一方面，它规避了价格风险，降低了筹资成本，提高了证券市场的流动性，促进了银行业的发展，是现代金融市场的重要组成部分；另一方面，国际金融市场上有关衍生金融工具的风波不断出现。

（3）金融机构。金融机构参与金融市场的活动大大提高了金融市场的效率，是金融市场发挥作用的必不可少的重要组成部分。认识金融机构的组成及其功能是财务人员选择适当的金融机构并与之建立良好合作关系的前提。目前我国主要的金融机构有以下五类。

①中国人民银行。中国人民银行是我国的中央银行，它代表政府管理全国的金融机构和金融活动，经理国库。其主要职责是制定和实施货币政策，保持货币币值稳定；维护支付和清算系统的正常运行；持有、管理、经营国家外汇储备和黄金储备；代理国库和其他与政府有关的金融业务；代表政府从事有关的国际金融活动。

②政策性银行。政策性银行，是指由政府设立，以贯彻国家产业政策、区域发展政策为目的，不以营利为目的的金融机构。政策性银行与商业银行相比，其特点在于：不面向公众吸收存款，而以财政拨款和发行政策性金融

债券为主要资金来源；其资本主要由政府拨付；不以盈利为目的，经营时主要考虑国家的整体利益和社会效益；其服务领域主要是对国民经济发展和社会稳定有重要意义而商业银行出于盈利目的不愿筹资的领域；一般不普遍设立分支机构，其业务由商业银行代理。

③商业银行。商业银行是以经营存款、放款、办理转账结算为主要业务，以盈利为主要经营目标的金融企业。商业银行的建立和运行，受《中华人民共和国商业银行法》规范。

目前我国的商业银行主要有：中国银行、中国工商银行、中国建设银行、中国农业银行、交通银行、光大银行、兴业银行、华夏银行、招商银行、浦东发展银行、民生银行等。这些银行基本上已经改制成股份制商业银行，甚至有的已经上市。

④非银行金融机构。目前，我国主要的非银行金融机构有以下几类。

保险公司，主要经营保险业务。包括财产保险、责任保险、保证保险和人身保险。目前，我国保险公司的资金运用被严格限制在银行存款、政府债券、金融债券和投资基金范围内。

信托投资公司，主要是以受托人的身份代人理财。其主要业务有经营资金和财产委托、代理资产保管、金融租赁、经济咨询及投资等。

证券机构，是指从事证券业务的机构，包括：证券公司，其主要业务是推销政府债券、企业债券和股票，代理买卖和自营买卖已上市流通的各类有价证券，参与企业收购、兼并，充当企业财务顾问等；证券交易所，提供证券交易的场所和设施，制定证券交易的业务规则，接受上市申请并安排上市，组织、监督证券交易，对会员和上市公司进行监管等；登记结算公司，主要是办理股票交易中所有权转移时的过户和资金的结算。

⑤金融租赁公司。是指办理融资租赁业务的公司组织。其主要业务有动产和不动产的直接租赁、杠杆租赁、售后租回。

（4）决定市场利率的影响因素。利率（interest rate）对于企业的财务决策具有深远的影响。利率代表企业使用资金的成本，利率的高低影响企业的利润，进而影响企业的价值。此外，长短期利率的变化也会影响企业长短期债务结构的变化。

在市场经济条件下，资金的分配是通过金融市场的运行机制来实现的。在这种分配机制下，资金会沿着由低效率部门向高效率部门这条轨迹运行，从而实现社会资源的优化配置。

①纯粹利率。纯粹利率是指无通货膨胀、无风险情况下的平均利率。

②通货膨胀附加率。通货膨胀会使货币贬值，造成投资者的真实报酬下降。

③违约风险附加率。违约是指借款人未能按时支付利息或未如期偿还贷款本金。资金的提供者所承担的这种风险叫作违约风险。

④变现力附加率。各种有价证券的变现力是不同的。政府债券和大公司的股票变现力很强，投资人可以随时出售以收回投资；反之，一些小公司的债券鲜为人知，不易变现，投资人要求变现力附加率作为补偿。

⑤到期风险附加率。到期风险附加率是指因到期时间长短不同而形成的利率差别。

（5）有效市场假说。金融市场参与者的活动可以概括为：纵向和横向地搜索各种有关的信息并对这些信息加以分析，然后根据分析的结果判断应如何配置或调整自己的资产组合或资金来源结构。信息是金融市场参与者进行决策的基础，信息可获量的大小和所获信息的利用程度直接或间接地决定了市场参与者的决策方向和后果。

有效市场假说最简单的表述是：有效市场是不浪费任何信息的市场。换言之，在有效市场上，金融资产总是处于均衡状态，而且任何市场参与者都不可能持续地"击败市场"而获得超常利润。

金融资产的信息可分为：金融资产价格历史变动的信息；其他有关公开信息，例如公司的经营状况等；未公开的信息，这类信息只有圈内人士可能获知。信息的获取成本对于不同的市场参与者是不同的。成本过高的信息对于相应的市场参与者来说只能是无效的信息，不能获得并加以利用。

根据市场能够有效利用的信息范围和利用这些信息的成本，可以定义三种类型的市场效率。

弱式有效市场假说（weak form market efficiency），市场能够有效利用的是金融资产价格的所有历史变动信息。

半强式有效市场假说（semi-strong form market efficiency），市场能够有效利用的信息不仅有历史价格信息，还包括与金融资产有关的所有公开信息。

强式有效市场假说（strong-form market efficiency），市场能够有效利用所有的信息，包括历史价格信息、已公开信息和未公开信息。在这种情况下，即使是圈内人士也无法击败市场获取超常利润。

根据上述假说，强式有效市场中每个人获得信息的能力和可能性都是相等的，即存在着信息获得的对称性；但是事实上几乎没有一个金融市场是强式有效的，总有一些市场参与者掌握着另一些市场参与者所无法知道的信息。

有效市场假说对财务决策具有重要影响。由于已公开的消息已被反映在股价上面，所以大多数股票的价格都非常公平合理，股价一般维持在均衡状态。尽管在某些情况下，公司的财务经理可能拥有一些外界人士无从知晓的特殊信息，但对那些股票交易频繁的大公司而言，通常都有众多的证券分析家注意其动向，任何新的消息出现，都会通过股价反映出来。

2. 税收环境

企业资产价值是企业价值的具体体现。资产的价值取决于资产所创造的可支配的收入流，因此，财务决策的直接目标是努力扩大这种收入流。由于企业实际创造的收入流中有相当大的部分被政府以课税的方式取走，税后净利才是企业可支配的收入，所以税收制度在财务决策中扮演着极为重要的角色。因此，财务人员了解税收政策对企业理财非常有益。掌握企业税收政策是合理安排纳税资金、制订税务计划的基础。

（1）税收对企业财务管理的意义。影响税负的主要因素有：折旧政策、投资扣抵政策、亏损扣抵政策、资本利得与损失处理规定、成本核算制度、鼓励性税收优惠政策、减税、免税、缓税规定等。

税收对企业理财活动的影响主要表现为以下三点。

第一，影响企业的融资和投资决策。

企业融资的主要方式有负债融资和权益融资，而两者的资金成本是不一样的，负债融资的成本低于权益融资的成本。其原因在于：企业负债融资的代价是支付利息费用，利息费用可以在交纳所得税之前列支，使应纳所得税额减少，具有抵税作用。

企业投资决策与税收密切相关。投资建立不同形式的企业，不同规模的企业，投资于不同的行业，经营不同的业务，都会面临不同的税收政策。

第二，影响企业的现金流量。

纳税是企业必须履行的义务，否则将受到有关处罚。但是交税需要企业增加现金流出量，减少企业的现金。

第三，递延所得税有利于保全企业资本。

递延所得税是指企业采用国家允许的会计处理方法，使应在本期交纳的所得税递延到以后会计期间。一般而言，采用稳健性原则的会计方法，如物价上涨时的后进先出法、计提资产减值准备等能使所得税递延。

（2）我国现行税收体系。各国政治经济条件不同，税收制度也不同。就一个国家来说，在不同的时期税收制度也存在差异。我国现行税收体系是中华人民共和国成立以后经过几次较大变革逐步演变而来的，按其性质和作用大致分为五类：流转税类（增值税、消费税、营业税、关税）、所得税（企业所得税、个人所得税）、资源税（资源税、城镇土地使用税、土地增值税）、财产和行为税类（城市房地产税、房产税、契税、印花税、车船税）、待定目的税种类（城市维护建设税、烟叶税、车辆购置税、耕地占用税）。

3. 法律环境

市场经济是法制经济，企业的一切经营活动都必须在法律许可的范围之内进行，财务管理也不例外。财务管理是企业和外部的经济主体发生经济关系的过程，而法律环境是指对这种经济关系进行调整的法律、法规和规章。法律环境对财务管理的影响，按财务管理的内容不同，主要包括以下几个方面。

（1）对企业融资活动的影响。影响企业融资活动的法律法规主要有：《公司法》《证券法》《合同法》《企业法人登记管理条例》《企业财务通则》《企业财务制度》。这些法律法规对企业融资活动的影响和制约主要表现在。

第一，规范了不同类型的企业筹资的最低规模和结构。例如，《公司法》规定股份有限公司注册资本的最低限额为人民币 500 万元；《工业企业财务制度》规定企业吸收无形资产（不包括土地使用权）投资一般不超过注册资本的 20%，如果情况特殊，含有高新技术，确实需要超过 20% 的，应经审批部门批准，但最高不超过 30%。

第二，规范了不同组织类型的企业的筹资渠道和筹资方式。例如，只有股份有限公司在具备相应条件的前提下才能通过发行股票筹集资金等。

第三，规范了不同类型的企业筹资的前提条件和基本程序。

（2）对企业投资活动的影响。影响企业投资活动的法律法规主要有《公司法》《证券法》《企业财务通则》《企业财务制度》等。这些法律法规对企业投资活动的影响和制约主要表现在：

第一，规范了企业投资的方式和条件。例如，《公司法》规定，股份有限公司的发起人可以用货币资金出资，也可以用实物、工业产权、土地使用权作价出资。

第二，规范了企业的投资程序和投资方向。例如，企业进行证券投资必须按照《证券法》所规定的程序来进行；企业投资方向必须符合国家的产业政策，符合公平竞争的原则。

第三，规范了投资者的出资期限和违约责任。

（3）对企业分配活动的影响。影响企业利润分配的法律法规主要有《税法》《企业财务通则》《企业财务制度》《公司法》等。这些法律法规对企业分配活动的影响和制约主要表现在：①规范了企业成本开支的范围和标准；②规范了企业应缴纳的税种及计算方法；③规范了利润分配的去向、程序及比例。

4. 自然环境

自然环境是企业赖以生存和发展的基础。企业需要的原料来自自然界，然而，自然资源并不是取之不尽、用之不竭的，自然资源的稀缺性和地球生态系统的脆弱性已经成为影响社会经济发展的重要因素。"企业教我们如何获得财富，而生态知识却向我们表明，除非财富是建立在自然界法则和自然界循环的基础上，否则钱财到头来只会是虚幻一场。"脱离生态价值的企业价值最大化过程最终会由于自然界生态循环系统的恶化而归零。

自然环境已经成为影响企业发展的重要外部因素，将保护自然环境融入企业的财务管理活动，特别是融入企业财务管理目标中，对实现经济、社会和环境的可持续发展具有重要的现实意义。全球大企业已经把可持续发展战略作为企业的核心战略之一。

人们的环境保护意识也影响了企业财务管理的投资、融资、金融交易等各个方面，例如，企业在进行投资决策时更注重项目的环境风险评估；企业在融资时，银行业在信贷审核和决策的过程中，将发展循环经济、保护自然环境和维护生态平衡作为发放贷款的重要参考指标之一。

5. 竞争环境

市场经济是一种竞争经济，任何企业都不能回避。企业之间、各产品之间的竞争涉及设备、技术、人才、推销、管理等各个方面。构成竞争的要素主要有两项：一是参加市场交易的生产和消费者的数量，二是参加市场交易的商品和劳务的差异程度。

就企业而言，竞争环境是直接通过联结其他企业或消费者的购进和销售环节予以体现的。不同企业可以处于不同类型的竞争环境中，同一类型的企业也会由于购销环节的供求关系不同而处于不同的竞争环境中，这些都会影响企业的财务管理。

第三节　财务管理的价值观念

一、资金的时间价值

（一）资金时间价值的概念

在现实社会中，我们发现，如果将一笔资金存入银行或用于投资，一段时间以后，就可以获得利息或利润。

资金的时间价值是客观存在的，因为资金的所有者不会将资金闲置，而是将资金利用起来：或存入银行，或借出，或购买股票、债券，或投资实业，以获得利息、利润等投资收益。

企业将筹集的资金用于购建劳动资料和劳动对象，劳动者借以进行生产经营活动，从而实现价值转移和价值创造，带来价值的增值。所以，资金时间价值的实质，是资金周转使用后的增值额。只有在生产经营的周转使用中才能产生时间价值，显然，如果资金闲置不用，就不可能产生增值。

资金的时间价值从量上看，就是在没有风险和没有通货膨胀条件下的社会平均资金利润率。由于竞争，市场经济中各部门、各行业的投资利润率趋于平均化，每个企业在投资某项目时，至少要取得社会平均的利润率，否则不如投资另外的项目。因此，资金的时间价值就成为企业资金利润率的最低限度，因而也是衡量企业经济效益好坏、考核企业经营成果高低的重要标准。

企业资金的投放时间与回收时间往往不同，在进行投资效果的分析中，必须将回收的资金折算为投放时的价值才能与投资额相比，确定该项投资是有利还是没利。

（二）资金时间价值的计算

在企业财务管理中，要进行正确的投资决策或筹资决策，就必须弄清楚在不同时点上收到或付出的资金价值之间的数量关系，掌握各种终值、现值、年金之间的折算方法。在折算过程中，运用的折现率可以是银行存款利率、贷款利率、各种债券利率、股票的股利率、投资者要求的收益率、资金成本率等，虽然这些与用相对数表示的资金时间价值有一定的区别，但在折算时与按资金时间价值折算的方法完全一样。

虽然资金时间价值是指在没有风险和没有通货膨胀条件下的社会平均资金利润率，但由于资金随时间的增长过程与利息的增值过程在数学上相似，因此在折算时广泛采用利息计算的各种方法。为了方便起见，假定资金的流出和流人都是在某一计息期末发生。

二、投资的风险价值

资金的时间价值是在没有风险和没有通货膨胀条件下的社会平均资金利润率。在企业财务活动中，完全没有风险的投资几乎是不存在的，只是风险大小不同而已。风险是客观存在的，企业如何估计和计量风险、分散和降低风险，使企业能利用风险所带来的机会增加股东的收益，是财务管理需要研究的问题之一。

（一）风险的概念及分类

1. 风险的概念

风险是指在一定条件下和一定时期内可能发生的各种结果的变动程度。当各种可能结果的变动程度大，风险也越大；而各种可能的结果变动程度小，风险也越小。

如果一种行动方案未来有多种可能的结果，称为这种行动方案有风险；如果一种行动方案未来只有一种结果出现，称为这种行动方案没有风险。

在投资决策中，往往根据决策所处的条件，将决策分成三种类型，即确定型决策、风险型决策和不确定型决策。确定型决策是指一种方案未来出现的结果是确定的。

风险型决策与不确定型决策虽然从定义上是有区别的，但实际上，风险型决策中各种可能结果出现的概率也并非是完全肯定的，不确定型决策中各种可能结果出现的概率也可以根据决策者个人的主观判断加以估计。因此，企业财务管理中往往将风险型和不确定型决策都视为风险型来对待。这时风险就理解为可测定概率的不确定性。概率的测定有两种：一种是客观概率，是指根据大量历史的实际数据推算出来的概率；另一种是主观概率，是在没有大量实际资料的情况下，人们根据有限资料和经验合理估计的。

风险可能给投资者带来超出预期的收益，也可能带来超过预期的损失。由于投资者关注损失的程度比关注收益的程度要强烈得多，故对风险的研究更多的是为了减少损失。

2. 风险的类别

不同类别的风险具有不同的特征，其具体的风险控制方法也不同。因此，在研究风险管理时有必要对各种风险从不同角度加以分类。

（1）从个别投资主体的角度看，风险分为市场风险和公司特有风险。市场风险是指那些影响所有投资对象的因素引起的风险，例如通货膨胀、高利率、经济衰退、国家政变、战争等。这类风险涉及的是企业所处的宏观环境，所有企业都受其影响，是企业无法控制的因素。这类风险，无论投资哪家企业都无法避免，不能通过有效的投资组合加以分散，因而也称为不可分散风险或系统风险。

公司特有风险是指发生于个别公司的特有事件造成的风险，例如，新产品开发失败、诉讼失败、工厂失火、员工罢工、设备事故等。这类风险涉及的是企业所处的微观环境，并非所有企业都会发生，是企业能够控制的因素。这类风险，对某家企业来说是不利因素，而对另一家企业来说则是有利因素。如诉讼失败，对失败一方是不利的，对胜诉一方则是有利的。

（2）从企业本身的角度看，风险分为经营风险和财务风险。经营风险是指企业因经营上的原因而导致利润变动的风险，也称商业风险。从利润的构成因素可看出，影响经营风险的因素有产品销售量、销售价格、产品生产成本等。这些因素，企业可以对其产生影响，但不能完全控制，例如，产品的销售量、销售价格，既取决于整个市场的需求量、竞争对手的情况，也与企业本身产品的质量、成本、推销努力的程度等有关；产品生产成本，既与原材料供应的价格有关，也与企业生产技术、工人和机器的效率有关。经营风险是普遍存在的，企业应通过加强市场调查，努力提高自身素质来降低经济风险。

财务风险是指因借款而增加的风险，是筹资决策带来的风险，也叫筹资风险。财务风险主要表现为两个方面：一是因借款而产生的丧失偿债能力的可能性；二是因借款而使企业所有者收益下降到可能性。

（二）风险和收益率的关系

由于市场竞争的原因，高风险的投资必须有高收益，否则就没有人投资；低收益的投资必须风险也低，否则也没有人去投资。风险与收益的这种关系是客观存在的，而且投资者所冒的风险越大，得到的风险收益应该越高。也就是说，风险收益的大小应与所冒风险的大小成正比。

第四节　财务管理的对象

企业生产经营过程中伴随着商品物资活动以及独立进行金融市场业务而产生的资金运动，构成了企业的财务活动。对企业财务活动的管理，称之为财务管理。资金运动包括企业筹资、投资和分配活动，并且要集中反映一定的经济关系（或财务关系）。

财务管理主要是资金管理，其对象是资金及其流转。资金流转的起点和终点是现金，其他资产都是现金在流转中的转化形式，因而也可以说财务管理的对象是现金及其流转。尽管财务管理也会涉及成本、收入和利润的问题，但从财务的观点来看，成本和费用是资金的耗费，收入和利润是资金的来源。

企业的再生产过程，表现为既是使用价值的生产和交换过程，又是价值的形成和实现过程。也就是说，一方面表现为实物商品的运动过程，另一方面表现为资金（或价值）运动过程或资金运动。资金运动不仅以资金循环的形式存在，而且伴随再生产过程的不断进行，资金运动也表现为一个周而复始的周转过程。资金运动是企业再生产过程的价值方面，它以价值形式综合地反映着企业的再生产过程，构成企业经济活动的一个独立方面，具有自己的运动规律，这就是企业的财务活动。

一、财务活动

所谓财务活动是指资金的筹集、运用、耗费、收回及分配等一系列行为的总和。其中资金的运用、耗费及其收回又称为投资，这样，从整体上看，财务活动便是由筹资、投资及分配所组成。

（一）筹资

企业进行再生产经营活动，需要按一定的渠道和用一定的方式，根据资金需要的情况筹集一定数量的资本金。从资金运动角度看，企业从各种渠道以各种方式筹集资金是资金运动的起点，为资金运动提供了前提和实体。

筹资是指企业为了满足投资或用资的需要，筹措与集中所需资金的过程。在这一过程中，既要确定筹资规模，又要通过筹资渠道和筹资方式的选择来确定合理的筹资结构。

这里所讲筹资的"资"并不只是货币资金，而是指资金。资金可以以货币资金形态、实物商品形态和无形资产形态三种形式而存在，而其来源不外乎三个方面：一是从投资者处所得的资金，二是从债权人取得资金，三是从企业获利中以留利形式取得的资金。若将这三方面的筹资按权益性质进行归类，就可以得出企业筹资来源只有所有者权益和负债两种。

（二）投资

筹资的目的和依据所在就是必须将资金投入使用，以谋求取得最大的经济效益；投资是以收回资金并取得收益为目的而发生的资金流出。可见投资是筹资的目的与归宿，也是筹资的实现和保证。投资可以分为广义投资和狭义投资。

广义投资指企业将筹集资金投入使用的过程，包括企业内部使用资金的过程及企业对外投放资金的过程。企业内部使用资金的过程，一是兴建厂房，购置机器设备，形成企业固定资产投资；二是购买和制造流动资产，形成流动资产投资；三是企业购买或创立无形资产，形成企业无形资产投资；四是企业在开办和设立的过程中投入大量资金待以后补偿，从而形成递延资产的投资。

狭义投资是指企业以现金、实物或无形资产采取一定方式向外或向其他单位投资。

企业在考虑投资规模一定条件下，可以通过投资方向、投资方式的选择，合理确定投资结构，以降低投资风险，提高投资效果。因而投资过程不仅包括将资金投放出去，而且也包括对投出资金的使用。

（三）分配

企业投资的结果表现为取得各种收入，并在扣除各种成本费用后获得利润。分配是作为投资的结果而出现的，它是对投资成果的分配。广义的分配指对投资收入和利润进行分割和分派的过程，狭义的分配仅指对利润的分配。

财务活动中的分配活动是将企业的收入和利润在各种主体之间进行分配。这些主体包括了所有者（股东）、债权人、企业、企业职工个人及国家，通过分配以实现各主体的利益均衡。

筹资、投资和分配构成企业财务活动的内容。伴随着企业生产经营活动过程的反复不断进行，财务活动循环也反复不断进行，这个过程就是财务管理的内容，因而企业财务管理工作主要包括了筹资管理、对外投资管理、流动资产管理、固定资产管理、利润管理等，它们共同构成企业财务管理这个不可分割的统一体。

二、财务关系

企业在筹资、投资和分配过程中，将与有关各方发生广泛的经济联系，这种联系的核心就是经济利益，而财务关系就是企业在财务活动中与有关各方所发生的经济利益关系。

（一）企业与投资者之间的经济利益关系

投资者以资本投入者的身份参与企业利润分配，这里奉行的分配原则是按资分配，是一种有偿分配。因为资本本身不会创造价值，但资本的使用会带来价值，这是资本能参与分配的基础，也是有偿的实质所在。这种分配关系取决于以下四个方面。

（1）投资者能对企业进行何种程度的控制；

（2）投资者对企业获取的利润能在多大的份额上参与分配；

（3）投资者对企业的净资产享有多大的分配权；

（4）投资者对企业破产承担怎样的责任。

（二）企业与债权人、往来客户之间的经济利益关系

企业与客户或其他企业之间的财务关系就是因商品购销和劳务供求而发生的款项收支结算关系，或者称之为等价交换关系，最终以达到企业与客户或其他企业之间的利益均衡。

企业与债权人的关系表现为企业必须以其收入偿付债权人本息的分配关系，因为利息的多少会影响税后利润或者说剩余收益的多少，因而企业与债权人之间的分配关系还会直接影响所有者的利益。

（三）企业内部各部门之间的关系

企业内部各部门、各级单位与财务部门之间往往要发生借款、报销、代收、代付的收支结算关系。由于企业内部实行经济责任制和经济核算制，各部门都拥有相对独立的经济利益，例如，独立支配的费用限额、独立的资金定额，这样，各部门之间就必然要发生通过财务部门进行资金结算的关系。

（四）企业与政府经济管理机构之间的关系

对于国有企业，政府一方面将会以投资者的身份凭借所有权形式参与企业财务成果的分配，另一方面会以社会职能管理者的身份依靠税收形式来参与企业分配。对于后一种情况，企业与政府的分配关系是一种强制和无偿的分配关系。

（五）企业与职工之间的财务关系

企业根据职工提供劳动的数量和质量的情况，用其收入向职工支付工资、津贴，用其利润提取公益金，体现着职工个人和集体在劳动成果上的分配关系。

企业的财务活动，表面上看是钱和物的增减变动。其实，钱和物的增减变动只是资金运动的表象，而它所体现的人与人之间的关系才是资金运动的本质，这种人与人之间的关系实质就是经济利益关系。它是财务活动当事人之间的经济利益关系，这一关系的轴心是企业，以企业为轴心，要使这种经济利益关系协调发展，必然要使企业与其他各种财务活动当事人之间的经济利益达到均衡。

在财务活动中，当企业一方承担的风险较小时，相应的收益也较低；当企业一方承担的风险较大时，相应的收益也较高。这种财务活动当事人之间的资金收益与资金难以收回的风险之间的均衡，被称为经济利益均衡，这种均衡是通过财务活动当事人的讨价还价实现的，因而也被称为自动均衡。

三、财务管理与其他学科的关系

（一）财务管理与经济学

从宏观而言，经济学述及如何完成一个社会的经济目标，财富的分配及如何使经济繁荣；从微观而言，经济学从成本与利润的观点来分析厂商。经济学的理论构成了财务管理理论的基础。

（二）财务管理与数学

数学方法为财务管理提供决策的计算工具，而财务管理的发展为数学的应用提供了广阔的前景。

（三）财务管理与管理学

财务管理是管理科学的一个分支，管理学为财务管理提供基础理论。

（四）财务管理与哲学

哲学为财务管理提供了逻辑思维，财务管理丰富了哲学内涵。

第二章　企业财务管理的内容

第一节　资金筹集管理

一、筹资管理概述

（一）企业筹资的意义和原则

1. 企业筹资的意义

资金是企业持续从事经营活动的基本条件。筹集资金是企业理财的起点。企业的创建，必须筹集资本金，进行企业的设立、登记，这样才能开展正常的经营活动；企业扩大生产经营规模、开发新产品、进行技术改造，需筹集资金，用于追加投资。筹集资金，直接制约着资金的投入和运用；资金运用，关系到资金的分配；资金的分配，又制约着资金的再筹集与投入。

所谓筹资，就是企业从自身的生产经营现状及资金运用情况出发，根据企业未来经营策略和发展需要，经过科学的预测和决策，通过一定的渠道，采用一定的方式，向企业的投资者及债权人筹集资金，组织资金的供应，保证企业生产经营客观需要的一项理财活动。

市场经济体制的建立，必然要求企业真正成为独立的经济实体，成为自主经营、自负盈亏的社会主义商品生产者和经营者。资金筹集是企业资金运动的起点。只有自主筹集资金，企业才能把握资金运用的自主权，真正实现自主经营、自我发展和自负盈亏，成为名副其实的具有充分活力与竞争力的市场主体。

2. 企业筹资的原则

（1）合理性原则。企业筹资的目的在于确保企业生产经营所必需的资金。资金不足，固然会影响生产经营发展；而资金过剩，则可能导致资金使用效率降低。

（2）效益性原则。企业在选择资金来源、决定筹资方式时，必须综合考虑资金成本、筹资风险及投资效益等诸多方面的因素。

资金成本亦指企业为取得某种资金的使用权而付出的代价。它是资金使用者支付给资金所有者的报酬及有关的筹措费用，包括借款利息，债券利息，支付给股东的股利，以及股票发行费、债券注册费等。

总之，不同筹资渠道、筹资方式，其资金成本各不相同，取得资金的难易程度不尽一致，企业所承担的风险也大小不一。为此，筹资者应根据不同的资金需要与筹资政策，考虑各种渠道和潜力、约束条件、风险程度，把资金来源和资金投向综合起来，全面考察、分析资金成本率和投资收益率，力求以最少的资金成本实现最大的投资收益。

（3）科学性原则。科学地确定企业资金来源的结构，寻求筹资方式的最优组合，这是企业筹资工作应遵循的又一重要原则。

企业资金包括自有和借入两部分。自有资金包括企业资本金、资本公积、盈余公积和留存盈利；借入资金通常包括短期负债及长期负债。在通常情况下，企业的生产经营不会以自有资金作为唯一的资金来源，通过举债来筹集部分资金，是现实客观经济生活中客观存在的正常现象，这就是通常所说的举债经营。在企业风险程度已知，其他情况不变的条件下，负债比例越大，企业可能获得的利益也越大；但随之而来的财务风险也就越大。企业增加恒久性流动资产或增添固定资产，则需筹措长期资金。长期资金是指供长期使用的资金，主要用于新产品开发和推广、生产规模的扩大、厂房和设备的更新，一般需要几年甚至几十年才能收回。长期资金是为了企业将来能长期经营不断地获得收益的支出，称为资本性支出。资本性支出与企业长期健康发展关系极大。

（二）企业筹资的渠道和方式

企业筹资的渠道是指企业取得资金的来源。企业筹资的方式是指企业取得资金的具体形式。企业面临的资金渠道很多，包括财政资金、银行资金、非银行金融机构资金、其他企业资金、居民个人资金、企业内部资金、国外资金等。

（三）企业筹资的动机与要求

1. 企业筹资的动机

企业进行筹资的基本目的，是为了自身的生存与发展。企业筹资通常受一定动机的驱使，其动机主要有扩张性动机、偿债性动机和混合性动机。企业财务人员应客观地评价筹资动机，预见各种筹资动机带来的后果。

（1）扩张性动机。扩张性动机是由企业因扩大生产规模而需要增加资产的目的所促成的。例如，企业在其产品寿命周期的开拓和扩张时期，往往需要筹集大量资金，尤其是长期资金。

（2）偿债性动机。企业为了偿还某些债务而筹资形成的动机称为偿债性动机，即借新债还旧债。偿债性筹资可分为两种情况：一是调整性偿债筹资，即企业虽有足够的能力支付到期旧债，但为了调整原有的资本结构，仍然举债，从而使资本结构更加合理，这是主动的筹资策略；二是恶化性偿债筹资，即企业现有的支付能力已不足以偿还到期旧债，被迫举债还债，这种情况说明财务状况已有恶化。

（3）混合性动机。企业因同时需要长期资金和现金而形成的筹资动机称为混合性动机。通过混合性筹资，企业既扩大了企业资金规模，又偿还了部分旧债，即在这种筹资中混合了扩张性筹资和偿债性筹资两种动机。

2. 企业筹资的要求

企业筹资的总体要求是，要分析评价影响筹资的各种因素，讲究筹资的综合效果。具体要求如下。

（1）合理确定筹资数量，努力提高筹资效果。企业在开展筹资活动之前，应合理确定资金的需要量，并使筹资数量与需要达到平衡，防止筹资不足影响生产经营或筹资过剩降低筹资效果。

（2）认真地选择筹资来源，力求降低资金成本。企业筹资可采用的渠道和方式多种多样，不同筹资的难易程度、资金成本和财务风险各不一样。

（3）适时取得资金来源，保证资金投放需要。筹措取得资金要按照资金的投放使用时间来合理安排，使筹资与用资在时间上相衔接，避免筹取过早造成投用前的闲置或筹取滞后影响投放的有利时机。

（四）资金需要量预测

企业筹集资金首先要对资金需要量进行预测，即对企业未来组织生产经营活动的资金需要量进行预测、估计、分析和判断。由于企业资金主要占用在固定资产和流动资产上，而这两项资产的性质、用途和占用资金的数额都不相同，所以分别测算。在企业正常经营的情况下，主要是对流动资金需要量进行预测。预测的方法通常分为如下两类。

1. 定性预测法

定性预测法是根据调查研究所掌握的情况和数据资料，凭借预测人员的知识和经验，对资金需要量所作的判断。其一般在缺乏完备、准确的历史资料时采用。预测的主要程序是：首先，由熟悉企业经营情况和财务情况的专家，根据其经验对未来情况进行分析判断，提出资金需要量的初步意见；其次，再通过各种形式，例如信函调查、开座谈会等形式，参照本地区同类企业情况进行分析判断，最终得出预测结果。

2. 定量预测法

定量预测法是指以资金需要量与有关因素的关系为依据，在掌握大量历史数据资料的基础上，选用一定的数学方法加以计算，并将计算结果作为预测数的一种方法。

二、普通股筹资

普通股是股份有限公司的首要资本来源。在资产负债表上，负债和所有者权益栏中，可能没有长期负债，没有优先股，但不可能没有股本金。

（一）普通股的概念和种类

1. 普通股及其股东权利

普通股是股份有限公司发行的无特别权利的股份，也是最基本、最标准的股份。通常情况下，股份有限公司只发行普通股，发行普通股股票筹集到的资金称为"股本"或股本总额，是公司资本的主体。

普通股持有人是公司的基本股东，一般具有以下权利。

（1）对公司的管理权。普通股股东具有对公司的管理权。对大公司来说，普通股股东数目多，不可能每个人都直接对公司进行管理。普通股股东的管理权主要体现在，其在董事会选举中有选举权和被选举权，通过选举出的董事会来代表所有股东对企业进行控制和管理。

（2）分享盈余的权利。分享盈余也是普通股股东的一项基本权利。盈余的分配方案由董事会决定，并由股东大会审议通过。

（3）出售或转让股份的权利。股东有权出售或转让股票，这是普通股股东的一项基本权利，但股份转让权的行使必须符合公司法和公司章程规定的条件、程序及其他法规。

（4）优先认股权。当公司增发普通股股票时，旧股东有权按持有公司股票的比例优先认购新股票。这主要是为了现有股东保持其在公司股份中原来所占的百分比，以保证他们的控制权。

2. 普通股的种类

股份有限公司根据有关法规规定以及筹资和投资者的需要，可以发行不同种类的普通股。

（1）按投资主体不同，可以分为国家股、法人股、个人股和外资股。国家股是有权代表国家投资的部门或机构以国有资产向公司投入而形成的股份；法人股是企业法人依法以其可支配的财产向公司投入而形成的股份，或具有法人资格的事业单位和社会团体以国家允许用于经营的资产向公司投入而形成的股份。

（2）按股票发行时的特别规定分类，例如，按股票有无记名，可以分为记名股票和不记名股票；按股票是否标明金额，可分为有面值股票和无面值股票。

记名股票是在股票票面上记载股东姓名或名称的股票。这种股票除了股票上所记载的股东外，其他人不得行使其股权，且股份的转让有严格的法律程序与手续，需办理过户。不记名股票是指在股票票面和股份公司股东名册上均不记载股东姓名的股票。它与记名股票的差别主要在于股票记载方式上。

有面值股票是在票面上标有一定金额的股票。持有这种股票的股东，对公司享有的权利和承担义务的大小，以其所持有的股票票面金额占公司发行在外股票总面值的比例而定。

无面值股票是不在票面上标出金额，只载明所占公司股本总额的比例或股份数的股票。无面值股票的价值随公司财产的增减而变动，而股东对公司享有权利和承担义务的大小，直接依股票标明的比例而定。

3. 普通股筹资的优缺点

（1）利用普通股筹资的主要优点。与其他筹资方式相比，利用普通股筹资主要有以下优点。

第一，发行普通股筹措的资本具有永久性，无到期日，不需归还。这对保证公司对资本的最低需要、维持公司的长期稳定发展极为有益。

第二，公司没有支付普通股股利的法定义务。这使得公司可以根据具体情况行事。由于没有固定的股利负担，股利的支付与否与支付多少，视公司有无盈利和经营需要而定，经营波动给公司带来的债务负担相对较小。

第三，发行普通股筹集的资本是公司最基本的资金来源。这反映了公司的实力，可作为其他方式筹资的基础，尤其可为债权人提供保障，增强公司的举债能力。

第四，普通股的预期收益较高并可一定程度地抵消通货膨胀的影响。

另外，如果不受公司法等有关法规限制，公司可用普通股的买进或卖出来临时改变公司资本结构。例如，在公司盈利较高时，为防止现金的大量流失，公司可以在未公布盈利前，在市场上购买自己的普通股，作为库藏股储存起来；在公司经营不景气致使普通股市价下跌时，如果公司预测未来经营情况良好，亦可购进自己的股票储存起来，等盈利增多时再予抛售。

（2）利用普通股筹资的主要缺点。普通股筹资的主要有以下缺点。

第一，筹资的资本成本较高。首先，表现在筹措普通股时发生的费用（例如包销费）较高。其次，从投资者角度而言，投资于普通股风险较高，因而相应地要求有较高的投资报酬率。

第二，以普通股筹资会增加新股东，这可能分散公司的控制权。

（二）普通股股票及其发行上市

1. 普通股股票的票面要素及发行

股份有限公司成立的方式有两种：发起式和募集式。采用发起式成立时，公司股份由发起人认购，不向发起人以外的任何人募集股份，而且只能发行股权证，不能发行股票。

采用社会公众募集方式设立的公司，其股份除发起人认购外，其余股份应向公众公开发行。募集式设立的公司只能发行股票，不能发行股权证。

（1）普通股股票的票面要素。由于普通股股票可以随时进行转让和买卖，是一种长期性的有价证券，因此对股票的印制有严格的质量要求，必须事先经人民银行审定后在指定的印刷厂印制，但近年来逐渐趋向于"无纸化"股票。

股票票面要素必须足以表明股份公司的基本情况和发行股票的基本情况。包括以下要素。

①发行股票的公司名称、住所，并有董事长签名和公司盖章；

②股票字样，包括标明"普通股"字样；

③公司设立登记或新股发行的变更登记的文号及日期；

④股票面值和股票发行总数；

⑤股东姓名或名称；

⑥股票号码；

⑦发行日期；

⑧股票背面简要说明。

（2）普通股股票的发行。在我国，发行股票应接受国务院证券委员会和中国证券监督管理委员会的管理和监督。股票发行的管理规定主要包括：股票发行的规定与条件、发行程序和方式、销售方式等。

首先，股票发行的规定与条件。按照我国公司法的有关规定，股份有限公司发行股票，应符合以下规定与条件。

①每股金额相等。同次发行的股票，每股发行条件与价格应相同。

②股票发行价格可按票面金额，也可以超过票面金额，但不得低于票面金额。

③股票应当载明公司名称、公司登记日期、股票种类、票面金额，以及代表的股份数、股票编号等主要事项。

④公司发行记名股票的，应当置备股东名册，记载股东的姓名或者名称、住所，各股东所持股份，各股东所持股票编号，各股东取得其股份的日期。

⑤公司发行新股，必须具备以下条件：A. 前一次发行的股份已募足，并间隔1年以上；B. 公司在最近3年内连续盈利，并可以向股东支付股利；C. 公司在3年内财务会计文件无虚假记载；D. 公司预期利润率可达同期银行利率。

⑥公司发行新股，应由股东大会作出有关下列事项的决议：新股种类及数额；新股发行价格；新股发行的起止日期；向原有股东发行新股的种类及数额。

其次，股票的发行程序和方式。

①设立时发行股票的程序。

第一，提出募集股份申请。股份有限公司的设立必须经过国务院授权的部门或者省级人民政府批准。

发起人在递交募股申请时，还要报送下列主要文件以备审查：批准设立公司的文件；公司章程；经营结算书；发起人的姓名或名称，认购的股份数，出资种类及投资证明；招股说明书；代收股款银行的名称和地址；承销机构名称及有关协议。

第二，公告招股说明书，制作认股书，签订承销协议和代收股款协议。

募股申请获批准后，发起人应在规定期限内向社会公告招股说明书。招股说明书应附有发起人制定的公司章程，并载明发起人认购的股份数，每股的票面金额和发行价格，无记名股票的发行总数，认股人的权利和义务，本次募股的起止期限及逾期未募足时认股人可撤回所认股份的说明等事项。

我国不允许股份公司自己发行股票。发起人向社会公开募集股份，应当与依法设立的证券经营机构签订协议，由证券经营机构承销股票。承销协议应载明当事人的姓名、住所及法定代表人的姓名；承销方式；承销股票的种类、数量、金额及发行价格；承销期；承销付款的日期及方式；承销费用；违约责任等。

第三，招认股份，收缴股款。发起人或承销机构通常以广告或书面通知的方式招募股份。认购人认股时，需填写认股书。认购人填写了认股书，便承担按认股书约定缴纳股款的义务。

第四，召开创立大会，选举董事会、监事会。募足股款后，发起人应在规定的期限内主持召开创立大会。创立大会由认股人组成，应有代表股份半数以上的认股人出席方可举行。

第五，办理设立登记，交割股票。经创立大会选举产生的董事会，应在规定的期限内办理公司设立的登记事项。

②增资发行新股的程序。

第一，由股东大会作出发行新股的决议。决议包括：新股种类及数额；新股发行的价格；新股发行的起止日期；向原有股东发行新股的种类及数额。

第二，由董事会向国务院授权的部门或省级人民政府申请并经批准。属于向社会公开募集的，应经国务院证券管理部门批准。

第三，公司经批准向社会公开发行新股时，必须公告新股招股说明书和财务报表及附属明细表，并制作认股书。

第四，招认股份，收缴股款。

第五，改组董事会、监事会，办理变更登记并向社会公告。

最后，股票的销售方式。股票的销售方式指的是股份有限公司向社会公开发行股票时所采取的股票销售方法，具体分为自销和委托承销两类。

自销方式是指股票发行公司直接将股票销售给认购者。这种销售方式可由发行公司直接控制发行过程，实现发行意图，并节省发行费用，但往往筹资时间较长，发行公司要承担全部发行风险，并需要发行公司有较高的知名度、信誉和较强的实力。

承销方式是指发行公司将股票销售业务委托证券经营机构代理。这种方式是发行股票所普遍采用的。我国公司法规定，股份有限公司向社会公开发行股票，必须与依法设立的证券经营机构签订承销协议，由证券经营机构承销。

股票承销又分为包销和代销两种异体办法。所谓包销，是指根据承销协议商定的价格，证券经营机构一次性全部购进发行公司公开募集的全部股份，然后以较高的价格出售给社会上的认购者。所谓代销，是指一个企业为另一个企业或个人代理销售商品的一种交易方式。代销方不承担风险，其主要职责是促成交易。

2. 股票上市

（1）股票上市的目的。股票上市是指股份有限公司公开发行的股票经批准在证券交易所进行挂牌交易。经批准在交易所交易的股票称为上市股票。按照国际通行做法，非公开募集发行的股票或未向证券交易所申请上市的非上市证券，应在证券交易所外的店头市场（over the counter market，OTC market）上流通转让。

股份公司申请股票上市，一般是出于以下五点目的。

第一，资本大众化，分散风险。股票上市后，会有更多的投资者认购公司股份，公司则可将部分股份转售给这些投资者，再将得到的资金用于其他方面，这就分散了公司的风险。

第二，提高股票的变现力。股票上市后便于投资者购买，自然提高了股票的流动性和变现力。

第三，便于筹措新资金。股票上市必须经过有关机构的审查批准并接受相应的管理，执行各种信息披露和股票上市的规定，这就大大增强了社会公众对公司的信赖，乐于购买公司的股票。

第四，提高公司知名度，吸引顾客。股票上市为社会公众所知，并被认为经营优良，会带来良好声誉，吸引更多的顾客，从而扩大销售。

第五，便于确定公司价值。股票上市后，公司股价有市价可循，便于确认公司的价值，有利于促进公司财富的最大化。

（2）股票上市的条件。公司公开发行的股票进入证券交易所挂牌买卖，须受严格的条件限制。根据有关规定，股份有限公司申请其股票上市，必须符合下列五点条件。

第一，股票经国务院证券管理部门批准已向社会公开发行，不允许公司在设立时直接申请股票上市。

第二，公司股本总额不少于人民币5000万元。

第三，开业时间在3年以上，最近3年连续盈利。属国有企业依法改建而设立股份有限公司的，或者在公司法实施后新组建成立，其主要发起人为国有大中型企业的股份有限公司，可连续计算。

第四，持有股票面值人民币 1 000 元以上的股东不少于 1 000 人，向社会公开发行的股份达股份总额的 25% 以上。

第五，公司在最近 3 年内无重大违法行为，财务会计报告无虚假记录。

此外，股票上市公司必须公告其上市报告，并将其申请文件存放在指定的地点供公众查阅。股票上市公司还必须定期公布财务状况和经营情况，每会计年度内半年公布一次财务会计报告。

（3）股票上市的暂停与终止。股票上市公司有下列情形之一的，由国务院证券管理部门决定暂停其股票上市。

第一，公司股本总额、股权分布等发生变化并不再具备上市条件。

第二，公司不按规定公开其财务状况，或者对财务报告作虚假记录。

第三，公司有重大违法行为。

第四，公司最近 3 年连续亏损。

三、资本金制度

（一）建立资本金制度的意义

资本金制度是国家围绕资本金的筹集、管理以及所有者的责任、权利等方面所作的法律规范。

长期以来，我们一直把资本视为资本主义特有的范畴，但实际上资本是商品经济高度发达的产物，是企业从事生产经营活动的基本条件，它始终寓于社会再生产的运动之中，并不断实现资本增值。

1. 有利于保障投资者权益

我国现行的资金管理体制是借鉴苏联的做法建立和发展起来的，主要适用于国有企业。由于企业资金来源单一，所有者就是国家，制定的各类财务制度也没有考虑资本保全问题。

2. 有利于企业正确计算盈亏，真实反映企业经营状况

过去，企业固定资产盘盈、盘亏、毁损、报废以及国家统一调价引起企

业库存物资的价差，要相应调整资金，从而使企业盈亏不实。若调增了资金，使企业的盈利少计一部分；相反，若调减了资金，企业盈利则虚增一部分。这些都不能如实反映企业生产经营的最终成果。

3. 有利于企业实现自负盈亏

企业的建立和发展必须有资金，资金的来源很多，可以是借入，也可以是投资者投入，但都需要有本钱。本钱就是资本金。在市场经济社会中，企业能否借入资金、借入多少资金，要取决于企业的资本金规模和资信状况，以及企业的偿债能力。因此，资本金是企业实现自主经营和自负盈亏的前提条件，建立资本金制度将有利于健全企业自主经营，自负盈亏，自我发展，自我约束的经营机制。

（二）资本金制度的内容

1. 资本金及其构成

（1）资本金的含义。资本金是指企业在工商行政管理部门登记的注册资金。这是《企业财务通则》对资本金的规定。从性质上看，资本金是投资人投入的资本，是主权资本，不同于债务资金。从目的上看，资本金以追求盈利为目的，不同于非营利性的事业行政单位资金。

在资本金的确定上，主要有以下三种方法。

实收资本制。在公司成立时，必须确定资本金总额，并一次认足，实收资本与注册资本一致，否则，公司不得成立。

授权资本制。在公司成立时，虽然也要确定资本金总额，但是否一次认足，与公司成立无关，只要缴纳了第一期出资，公司即可以成立，没有缴纳的部分委托董事会在公司成立后进行筹集。

折中资本制。要求公司成立时确定资本金总额，并规定每期出资数额，但对第一期出资额或出资比例，一般要作出限制。

（2）资本金的构成。国家资本金是指有权代表国家投资的政府部门或者机构以国有资产投入企业形成的资本金。法人资本金是指其他法人单位包括企业法人和社团法人以其依法可支配的资产投入企业形成的资本金。个人资本金是指社会个人或者本企业内部职工以个人合法财产投入企业形成的资本金。外商资本金是指外国投资者以及我国香港、澳门和台湾地区投资者投入企业形成的资本金。

2. 法定资本金

依照《企业财务通则》，企业设立时必须有法定的资本金。所谓法定资本金是指国家规定的开办企业必须筹集的最低资本金数额。从现行法规看，对于法定资本金主要有以下三个规定。

（1）《民法通则》《全民所有制工业企业法》和《企业法人登记管理条例》等法规均有些原则性规定。《企业法人登记管理条例》规定，企业法人必须有符合国家规定并与其生产经营和服务规模相适应的资金数额，以批发业务为主的商业性公司的注册资金不得少于 50 万元，以零售业务为主的商业性公司的注册资金不得少于 30 万元，咨询服务性公司的注册资金不得少于 10 万元，其他企业法人的注册资金不得少于 3 万元，国家对企业注册资金数额有专项规定的按规定执行。

（2）对外商投资企业，要求注册资本与生产经营的规模、范围相适应，并明确规定了注册资本与投资总额的最低比例或最低限额。投资总额在 300 万美元以下的，注册资本所占比例不得低于 70%；投资总额在 300 万 ~ 1000 万美元的，不得低于 50%，其中投资总额在 420 万美元以下的，不得低于 210 万美元；投资总额在 1000 万 ~ 3000 万美元的，其比例不得低于 40%，其中投资总额在 1250 万美元以下的，注册资本不得低于 500 万美元；投资总额在 3000 万美元以上的，不得低于投资额的 1/3，其中投资总额在 3600 万美元以下的，注册资本不得低于 1200 万美元。

（3）《公司法》规定，股份有限公司注册资本的最低限额为人民币 1000 万元，有外商投资的公司的注册资本不低于人民币 3000 万元。有限责任公司注册资本的最低限额为：生产经营型公司、商业物资批发型公司 50 万元人民币；商业零售型公司 30 万元人民币；科技开发、咨询、服务型公司 10 万元人民币。其中民族区域自治地区和国家确定的贫困地区，经批准，注册资本的最低限额可按上述规定限额降低 50% 注册。

3. 资本金的筹集方式

（1）货币投资。在注册资本中，投资各方需要投资的货币资金数额，通常取决于投入的实物、专利权、商标权之外，还需要多少资金才能满足建厂和生产经营费用开支。按我国有关法规规定，货币出资不得少于资金的50%。

若为外商投资，外商出资的外币应按缴款当日我国外汇管理当局公布的外汇牌价折算成人民币或套算成约定的外币，假定某合资企业合同规定，注册资本以美元表示，而记账本位币采用人民币，在合资外方用港币汇来作为投资缴款时，对此记账，就应先将港币按缴款当日牌价折算成美元，然后用同日牌价将美元折合成人民币，凭以记账。

（2）实物投资。实物投资包括固定资产投资和流动资产投资。

固定资产投资，是指投资单位以厂房、建筑物、机器设备、仓库运输设备等固定资产作为投资。这种投资的价值一般按投出单位的账面价值作为固定资产的原值，由联营双方按质论价确定的价值作为固定资产的净值，即投资的实际数额。

流动资产投资，是指投资单位以流动资产对企业的投资，一般是以提供原材料及主要材料、辅助材料或提供劳务等形式作为对企业的投资。这类流动资产投资额的确定与企业流动资产计价方法相同。

（3）专利权、商标权和非专利技术投资。专利权是依法批准的发明人对其发明成果在一定年限内享有独立权、专用权和转让权，任何单位、个人如果需要利用该项专利，必须事先征得专利使用者许可，并付给一定的报酬。商标权是商标经注册后取得的专用权，受法律保护。商标的价值在于它能够使拥有者具有较大的获利能力。按商标法规定，商标可以转让，但受让人应当保证商标的产品质量。商标也是企业出资方式之一。非专利技术即专有技术，或技术秘密、技术诀窍，指先进的、未公开的、未申请专利的、可以带来经济效益的技术及诀窍。

其中应当指出，作为投资的专有技术与应由企业支付的技术转让费是不同的，其他单位可以把专有技术转让给企业使用，向企业分期收取一定的费用，企业支付的这种费用，称为技术转让费。

作为投资者出资的商标权、专利权、非专有技术，必须符合下列条件之一：①能生产市场急需的新产品或出口适销的产品的；②能显著改进现有产品的性能、质量，提高生产效率的；③能显著节约原材料、燃料和动力的。

必须指出，投资各方按合同规定向企业认缴的出资，必须是投资者自己所有的货币资产、自己所有并未设立任何担保物权的实物、商标权、专利权、非专利技术等。

（4）土地使用权投资。企业所需场地，应由企业向所在地的市（县）级土地主管部门提出申请，经审查批准后，通过签订合同取得场地使用权。合同应说明场地面积、地点、用途、合同期限、场地使用权的费用（以下简称场地使用费），双方的权利与义务，违反合同的罚款等。

场地使用费标准应根据场地的用途、地理环境条件、征地拆迁安置费用和合资企业对基础设施的要求等因素，由所在地的省、自治区、直辖市人民政府规定。企业所需土地的使用权，例如，为某企业所拥有，则该企业可将其作为对新企业的出资，其作价金额应与取得同类土地使用权所缴纳的使用费相同。

土地使用权投资与场地使用费不同，土地使用权投资是对企业的一项投资，是企业的无形资产，其价值分期摊销转作费用。土地使用权投资的价值，一般可按土地面积、使用年限和政府规定的土地使用费标准综合计算，其具体作价应由投资各方协商确定。

4. 验资以及出资证明

投资各方按合同规定缴付出资额后，应由中国注册会计师验证。验资工作应坚持合理合法、平等互利、公正无私和实事求是等原则，维护国家法律和国家主权，维护合营各方的正当权益。

验资工作应以我国有关的法律、财务会计制度、企业协议、合同章程以及企业董事会的决议、会议纪要等文件为依据，具体根据企业的会计凭证、账簿和报表等资料，对投资各方的各项投资进行检查核实。

企业的验资工作必须在出资后 60 天内完成。验资工作一般采用以下五种方法。

（1）核对法：就是对有关实物及账目的记录和数据进行核对、复核，查明是否正确无误。对实物投资进行重点抽查，常用这种方法。

（2）审阅法：就是仔细地审查和阅读各种有关凭证和账目，查明投资核算是否正确合理。

（3）查询法：就是通过查阅或询问的方法取得必要资料，证明一些问题。

（4）分析法：就是在掌握资料和了解情况的基础上，对问题进行分析研究，得出正确的结论。

（5）盘点法：就是对各种实物进行盘点，并与投资实物清单核对，查明有无遗漏或多列等情况。

下面对货币、实物、无形资产等投资的验证作简要说明。

（1）对货币投资的验证。企业应凭营业执照在银行开立存款账户。对于货币投资，首先应验证是否符合这一规定。要验证投资者以什么名义，存入哪家银行，存入何种货币，存入多少，日期是哪一天，存款凭证的号码是多少，等等，经过核对取得有关凭证，即可通过。

（2）对实物投资的验证。进行实物验资应有三个前提：①实物已运到企业指定的场地；②企业已办好验收手续；③如有索赔情况，索赔手续和索赔款均已落实。具备这三个前提，才可进行验资。

（3）对无形资产投资的验证。应验证无形资产的有效状况及其技术特征、使用价值、作价的计算根据等资料，以及投资各方签订的无形资产的作价协议。

土地使用权投资，一般在合同中说明使用面积和计算单位，可根据批准的合同进行验证。在验证时，如实际丈量的面积超过合同规定面积，有土地使用证的，以使用证为准；无土地使用证的，由投资各方协商确定，验证依据以协商后的面积为准。

5. 抽查资本金的期限

资本金可以一次或者分期筹集。企业筹集资本金是一次筹集还是分期筹集，应根据国家有关法律、法规以及合同、章程的规定来确定。

四、筹资方式概述

（一）企业筹资目的

企业设立与正常开展生产经营，必须先筹集资金，筹资是企业资本运作的起点。企业筹资是指企业作为筹资主体，根据其设立、生产经营、对外投资及调整资本结构等需要，通过筹资渠道和金融市场，采取适当的方式，经济有效地获取所需资金的一种行为。

大学生创业已经成为学生提前就业的一种有效形式，同样，创业资金的筹集也是创业大学生首要考虑的问题。由于其目前还是学生，还没有收入来源，除了助学贷款外，一般银行很难受理创业贷款。但学生可以充分利用小额担保贷款政策用于个人创业。

企业不同的资金来源形成了资本结构，负债由于比所有者权益资金使用成本低，成为企业筹资的一种有效方式，但过多的负债要承担付息、还本的责任，存在无力偿还到期债务的风险。

（二）企业筹资的原则

企业筹资是一项重要而复杂的工作，为了有效地筹集企业所需资金，必须遵循以下基本原则。

1. 筹资规模与战略阶段资金需求相一致

企业不同战略阶段的资金需求量不同，企业应结合企业不同发展阶段的科研、生产、经营状况，采用一定的方法，预测资金的需要数量，合理确定筹资规模。

2. 资金及时筹措

企业在筹集资金时必须熟知资金时间价值的原理和计算方法，以便根据资金需求的具体情况，合理安排资金的筹集时间，适时获取所需资金。

3. 筹资方式经济

在确定筹资数量、筹资时间、资金来源的基础上，企业在筹资时还必须认真研究各种筹资方式。企业筹集资金必然要付出一定的代价，不同筹资方式下的资金成本有高有低。

4. 资金来源合理

不同来源的资金，对企业的收益和成本有不同影响，因此，企业应认真研究资金来源渠道和资金市场，合理选择资金来源。

（三）资金来源与筹资方式

1. 资金来源

资金来源（source of funds）是指企业进行生产经营活动所需一切资金的源头，是企业资金运动的起点。

资金来源主要有：政府财政资金、银行信贷资金、其他金融机构资金、其他企业资金、居民个人资金和企业自留资金。

（1）政府财政资金。国有企业可以以财政拨款方式取得国家财政资金。

（2）银行信贷资金。我国银行分为商业性银行和政策性银行两种，商业性银行主要有中国银行、中国农业银行、中国工商银行、中国建设银行、交通银行、招商银行等；政策性银行主要有国家开发银行、中国进出口银行和农业发展银行。

（3）其他金融机构资金。其他金融机构主要指信托投资公司、保险公司、金融租赁公司、证券公司、财务公司等。

（4）其他企业资金。企业在生产经营过程中会形成部分暂时闲置的资金，并为一定的目的而进行相互投资。

（5）居民个人资金。企业职工和居民个人的节余货币，可用于对企业进行投资，形成民间资金来源渠道。

（6）企业自留资金。企业自留资金又称内部留存，是企业生产经营形成的净收益留存在企业的部分，包括提取公积金和未分配利润。

2. 筹资方式

筹资方式主要有：吸收直接投资、发行股票、利用留存收益、向银行借款、利用商业信用、发行公司债券和租赁等。

（四）筹资的分类

（1）按筹集资金的来源分为权益筹资与债务筹资。权益筹资是指企业通过吸收直接投资、发行股票、内部积累等方式筹集资金。债务筹资是企业按约定代价和用途取得且需要按期还本付息的方式筹集资金。

（2）按筹集资金期限的长短分为长期筹资与短期筹资。长期筹资是指筹集可供企业长期（一般为 1 年以上）使用的资金，主要用于企业新产品、新项目的开发与推广，生产规模的扩大，设备的更新与改造等。短期筹资是指期限在 1 年以下的筹款，是为满足企业临时性流动资金需要而进行的筹资活动。

（3）按是否通过金融中介机构进行分为直接筹资与间接筹资。直接筹资是指拥有暂时闲置资金的单位与需要资金的单位直接进行协议或通过购买需要资金单位的有价证券向其提供资金。间接筹资是指企业借助银行等金融机构来融通资本的筹资活动，是一种传统的筹资类型。在间接筹资活动过程中，银行等金融机构发挥着中介作用，它们先集聚资本，然后提供给筹资企业。间接筹资的基本方式是银行借款和融资租赁。

（4）按资金是否由企业内部生产经营形成分为内部筹资与外部筹资。内部筹资是指公司经营活动结果产生的资金，即公司内部融通的资金，它主要由留存收益和折旧构成。外部筹资是指来源于企业外部的经济主体的资金。

五、长期、短期负债筹资

（一）长期借款的种类

1. 按照用途分类

长期借款按照用途可分为基本建设贷款、技术改造贷款、科技开发项目贷款和其他项目贷款。

（1）基本建设贷款。是指商业银行发放的用于基础设施项目建设的中长期贷款，基础项目主要包括经国家有权部门批准的基础设施建设、市政工程、服务设施建设等。

（2）技术改造贷款。是指商业银行发放的用于对现有客户以扩大生产规模，或通过改造或引进技术提高现有工艺水平、生产技术水平而发放的贷款，贷款一般是中长期贷款。

（3）科技开发项目贷款。是指商业银行发放的主要用于支持企业进行新技术、新产品的研制开发，技术创新和科技成果向生产领域转化或应用的项目贷款，贷款一般是中期贷款。

（4）其他项目贷款。是指商业银行发放的主要用于企业购置其他固定资产的贷款，贷款一般是中长期贷款。

2. 按有无担保分类

按有无担保可分为信用贷款和抵押贷款。信用贷款是指以借款人的信誉发放的贷款，借款人不需要提供担保。其特征就是债务人无须提供抵押品或第三方担保仅凭自己的信誉就能取得贷款，并以借款人信用程度作为还款保证。抵押贷款是指某些国家银行采用的一种贷款方式。要求借款方提供一定的抵押品作为贷款的担保，以保证贷款的到期偿还。抵押品一般为易于保存，不易损耗，容易变卖的物品，例如有价证券、票据、股票、房地产等。

（二）长期借款的程序

1. 企业提出申请

企业申请借款必须符合贷款原则和条件，并提供以下资料：①书面借款申请；②项目可行性研究报告或项目建议书；③能够证明企业生产经营、管理情况的基础性资料；④经有权部门审计的财务报告及生产经营情况资料；⑤其他。

2. 金融机构进行审批

银行接到企业的申请后，要对企业的申请进行审查，以决定是否对企业提供贷款。这一般包括以下三个方面：①对借款人的信用等级进行评估。②进行相关调查。贷款人受理借款人的申请后，应当对借款人的信用及借款的合法性、安全性和盈利性等情况进行调查，核实抵押物、保证人情况，测定贷款的风险。③贷款审批。

3. 签订借款合同

借款合同，是规定借贷各方权利和义务的契约，其内容分基本条款和限制条款，限制条款又有一般性限制条款、例行性限制条款和特殊性限制条款之分。

其中，借款合同的例行性限制条款包括：企业定期向贷款机构报送财务报表、企业不准在正常情况下出售大量资产、企业要及时偿付到期债务、禁止企业贴现应收票据或转让应收账款、禁止以资产作为其他承诺的担保或抵押等。

4. 企业取得借款

双方签订借款合同后，贷款银行按合同的规定按期发放贷款，企业便可取得相应的资金。贷款人不按合同约定按期发放贷款的，应偿付违约金。借款人不按合同的约定用款的，也应偿付违约金。

5. 企业偿还贷款

企业应按借款合同的规定按时足额归还本息。如果企业不能按期归还借款，应在借款到期之前，向银行申请贷款展期，但是否展期，由贷款银行根据具体情况决定。

（三）长期借款筹资的优缺点

1. 优点

（1）筹资速度快。发行各种证券筹集长期资金所需时间一般较长。证券发行的准备工作以及证券的发行都需要一定的时间。而向银行借款与发行证券相比，一般所需时间较短，可以迅速地获取资金。

（2）借款弹性较大。企业与银行可以直接接触，可通过直接商谈，来确定借款的时间、数量和利息。在借款期间，如果企业情况发生了变化，也可与银行进行协商，修改借款的数量和条件。

（3）借款成本较低。就目前我国情况来看，利用银行借款所支付的利息比发行债券所支付的利息低。

（4）可以发挥财务杠杆的作用。不论公司赚钱多少，银行只按借款合同收取利息，在投资报酬率大于借款利率的情况下，企业所有者将会因财务杠杆的作用得到更多的收益。

2. 缺点

（1）筹资风险较高。企业举债长期借款，必须定期还本付息，在经营不利的情况下，可能会产生不能偿付的风险，甚至会导致破产。

（2）限制性条款比较多。企业与银行签订的借款合同中，一般都有一些限制条款，例如定期报送有关报表、不改变借款用途等，这些条款可能会限制企业的经营活动。

（3）筹资数量有限。银行一般不愿借出巨额的长期借款。因此，利用银行借款筹资都有一定的上限。

（四）短期借款

短期借款（short-term loan），是指企业向银行和其他非银行金融机构借入的期限在一年以内的借款。主要用于企业正常生产经营周转和临时性资金需要。

1. 短期借款的种类

短期借款主要有生产周转借款、临时借款、结算借款等。按照国际通行做法，短期借款还可依偿还方式的不同，分为一次性偿还借款和分期偿还借款；依利息支付方法的不同，分为收款法借款、贴现法借款和加息法借款；依有无担保，分为抵押借款和信用借款。

2. 短期借款的信用条件

按照国际惯例，银行发放短期贷款时，主要信用条件包括以下内容。

（1）信贷额度。信贷额度亦即贷款限额，是借款人与银行在协议中规定的允许借款人借款的最高限额。银行不会承担法律责任。

（2）周转信贷协定。周转信贷协定是银行从法律上承诺向企业提供不超过某一最高限额的贷款协定。在协定的有效期内，只要企业借款总额未超过最高限额，银行必须满足企业任何时候提出的借款要求。

（3）补偿性余额。补偿性余额是银行要求借款人在银行中保持按贷款限额或名义借款额的一定百分比计算的最低存款余额。对于借款企业来讲，补偿性余额提高了借款的实际利率。

（4）借款抵押。银行向财务风险较大、信誉不好的企业发放贷款，往往需要有抵押品担保，以减小自己蒙受损失的风险。借款的抵押品通常是借款企业的办公楼、厂房等。

（5）偿还条件。无论何种借款，银行一般都会规定还款的期限。根据我国金融制度的规定，贷款到期后仍无能力偿还的，视为逾期贷款，银行要照章加收逾期罚息。

（6）以实际交易为货款条件。当企业发生经营性临时资金需求，向银行申请贷款以求解决时，银行则以企业将要进行的实际交易为贷款基础，单独立项，单独审批，最后作出决定并确定贷款的相应条件和信用保证。

（五）短期借款筹资的优缺点

1. 优点

（1）筹资速度快。企业获得短期借款所需时间要比长期借款短得多，因为银行发放长期贷款前，通常要对企业进行比较全面的调查分析，花费时间较长。

（2）筹资弹性大。短期借款数额及借款时间弹性较大，企业可在需要资金时借入，在资金充裕时还款，便于企业灵活安排。

2. 缺点

（1）筹资风险大。短期资金的偿还期短，在筹资数额较大的情况下，如企业资金调动不周，就有可能出现无力按期偿付本金和利息，甚至被迫破产。

（2）与其他短期筹资方式相比，资本成本较高，尤其是存在补偿性余额和附加利率情况下，实际利率通常高于名义利率。

第二节 流动资产管理

一、流动资产概述

流动资产是指可以在一年内或者超过一年的一个营业周期内变现或者运用的资产，流动资产的货币表现称为流动资金。流动资产的流动性强，它分布于企业生产经营过程的各阶段，在其资金运动过程中，它存在的形态不断改变。

流动资产按其存在形态可分为：货币资金、应收款项、存货和短期投资四大类。其中，货币资金包括库存现金、银行存款和其他货币资金；应收款项包括应收票据、应收账款、其他应收款、预付账款；存货包括原材料、低值易耗品、在产品、产成品等；短期投资是指不超过一年的债券、股票等有价证券。

流动资产与长期资产相比，具有周转快、分布广、形态不断变化及占用数额波动大等特点，这就导致流动资产管理的难度较大。同时，流动资产管理对整个企业的生产经营活动、经营效益影响也较大。例如，过多的存货占用，会增加资金占用费，还会增加风险；流动资金不足，会造成工厂停工待料，商店商品不充足；货币资金不足，会影响企业的支付能力。

（一）流动资产

1. 流动资产占用的一般评价

前面介绍的投资决策主要是论述固定资产投资，要进行生产经营活动没有流动资产是不可能的。因此，进行投资时除了固定资产投资外，还必须投入一定量的流动资产，流动资产的占用必然要耗用资金成本，这也是流动资产占用的一般问题。

2. 流动资产占用的计算

流动资产在我国传统上分为定额流动资金和全部流动资金，定额流动资金是指为保证企业生产经营活动最基本的流动资金占用，包括原材料、燃料、包装物、低值易耗品、在产品和产成品；全部流动资金是指全部流动资产的占用额。因为流动资金的占用是经常变化的，为了计算其占用量，我们应根据平均占用来确定。流动资金需用量的多少一般来讲与以下因素有关：①生产经营规模的大小。在同类企业中，生产经营规模大，流动资金占用就多。②企业的类型不同。一般来讲，商业企业流动资金比重高于工业企业，而在工业企业中，重工业流动资金占用量要高于其他工业企业。③流动资金周转速度的快慢。在规模相近的同类企业中，谁的资金管理好，周转快，谁的流动资金的需用量就少。④单位成本的高低。在产品、产成品、库存商品，是流动资金的主要组成部分，在同类企业中，假设其他条件均相同，哪个企业产品的单位成本高，哪个企业的流动资金占用就多。⑤物价变动的影响。对同一个企业而言，如果在通货膨胀期间，因货币的购买力下降，在原材料、在产品、产成品占用数量不变的情况下，必然引起企业流动资金需用量增加。影响企业流动资金需用量还有其他一些原因，如商品交易市场的状况等。

（二）流动资产需用量的预测

流动资产需用量的预测，一般可采用以下三种方法。

1. 统计预测方法

统计预测方法是进行经济预测的常用方法，具体方法较多，其中，最简单的平均法是算术平均法。算术平均法是将历史资料进行简单的算术平均，该平均值即为预测值。该方法适用于生产经营规模稳定、所处经济环境变化不大的企业。

加权平均法。加权平均法是以距离预测期时间的远近作权数来进行加权平均，对于某些生产经营规模呈扩大趋势的企业，可采用加权平均法来预测其流动资金的需用量。

如果企业的流动资金需用量呈明显增长趋势，用线性回归分析法预测比加权平均法好一些。

2. 财务指标预测法

财务指标预测法是用基期的有关财务指标与其相联系的预测期有关数据来预测资金的需用量，常用的方法有如下两点。

资金占用率预测法。该方法一般使用基期的销售收入资金率或产值资金率来进行预测。

资金周转率预测法。该方法是根据流动资金周转速度与流动资金需用量之间的关系来进行测算。在其他因素不变的情况下，资金周转速度越快，资金占用额越少；资金周转速度越慢，资金占用额就越多。

3. 定额核定法

中华人民共和国成立以来，在计划经济体制下，我国对国有企业的资金实行供给制，对流动资金实行定额管理，定额部分财政拨款，超定额部分银行贷款。定额流动资金包括储备资金、生产资金和成品资金。

储备资金定额的计算。储备资金是指企业用货币资金购买材料物资作为生产准备起，直至材料物资投入生产过程为止所占用的流动资金。工业企业储备资金包括原材料、燃料、辅助材料、修理备用件、外购半成品、包装物和低值易耗品等。储备资金占用量的大小取决于两个因素：其一，储备资金日平均耗用额；其二，储备资金占用时间。储备资金日耗用额越大，占用的时间越长，储备资金占用量就越大；反之，相反。

生产资金定额计算。生产资金是指从原材料投入生产起，直到产品完工验收入库止的整个生产过程的资金占用，又称为在产品资金。在产品的平均单位成本的计算比较复杂，原因是有的产品原材料是在产品生产一开始时投入的，有的是原材料多次投入，有的生产周期长，有的生产周期短，在产品的平均单位成本必须按其具体情况，采用不同的方法计算。

二、现金管理

（一）现金

现金是指企业占用在各种货币形态上的资产，它的显著特点是普遍的可接受性，即可以立即用于购买商品、货物、劳务或偿还债务。因此，现金也是公司中流动性最强的资产，具体包括库存现金、各种形式的银行存款及其他货币资金。

有价证券是现金的一种转换形式。有价证券变现能力强，可以随时兑换成现金，所以当公司现金暂时闲置时，常将现金兑换成有价证券；当现金流出量大于流入量，需要补充现金不足时，再出让有价证券，换回现金。在这种情况下，有价证券就成了现金替代品，是"现金"的一部分。

1. 现金的持有动机与成本

（1）现金的持有动机。现金的持有动机主要有以下三种。

①交易性动机。现金持有的交易性动机是指企业持有现金以满足日常经营业务活动的现金支付需要。在企业的日常经营业务过程中，销售产品等业务活动将取得现金收入，而购买材料、支付工资等业务活动将发生现金支出。由于两者难以同步同量，现金短缺的情况经常发生，为此，企业必须维持适当的现金余额才能保证交易活动的正常进行。

保证交易性需要而持有足够的现金，从而带来一定的财务效应：一方面，较多的现金余额储备可以提高企业资产的流动性和偿债能力，维持企业的商业信誉，从而使企业能够较容易地从供应商那里取得商业信用；另一方面，较多的现金余额储备可以使企业能够充分利用业务交易中的现金折扣，从而降低进货成本。

②预防性动机。现金持有的预防性动机是指企业持有足够的现金以应付意外现金需求。市场经济环境和经济活动的日趋复杂，使企业无法准确预计未来交易活动的发生时期和规模，再加上经济环境有可能出现异常的变化，这有可能使未来的现金需求超常。

预防性现金余额的数量取决于企业生产经营的稳定性和现金流量预测的准确性。企业生产经营的稳定性越差，现金流量预测的不确定性越大，其预防性现金的需求量也就越大。此外，预防性现金余额的大小还与企业的借款能力有关，如果企业能够很容易地随时借到长期资金，也可以减少预防性现金余额；如果企业不能够很容易地借到长期资金，则应增加预防性现金余额。

③投机性动机。现金持有的投机性动机是指企业持有现金以备满足某种投机行为的现金需求。例如，在适当时机购入低价有价证券的需求，购买廉价原料的需求等。

虽然在理论上可以找出一系列的持有现金的动机，并形成交易性现金余额、预防性现金余额和投机性现金余额，但在实际工作中是很难对持有现金的动机加以明确区分的。

（2）持有现金的成本。持有现金的成本是指企业为了持有一定数量的现金而发生的费用或者现金发生短缺时所付出的代价。持有现金的成本主要由以下四个部分组成。

①现金的持有成本。也称现金的机会成本，是指企业因持有现金而丧失的再投资收益。企业持有现金，就会丧失其在其他方面的投资收益，例如，不能进行有价证券投资，由此所丧失的投资收益就是现金的机会成本。这种机会成本与现金的持有量成正比，持有量越大，机会成本越高。

②现金的管理成本。这是指企业因持有一定数量的现金而发生的管理费

用，例如现金保管人员的工资、保管现金发生的必要措施费用等。现金的管理成本具有固定性，在一定的现金余额范围内与现金的持有量关系不大。

③现金的转换成本。这是指企业用现金购买有价证券或者将有价证券转换为现金所发生的交易费用，例如买卖证券支付的佣金、委托手续费、证券过户费、证券交易的税金等。转换成本可以分为两类：一是与委托金额相关的费用，例如买卖证券的佣金、证券交易的印花税等，这种费用一般按委托成交金额的一定比例支付，与转换的次数关系不大，而与成交金额成正比，属于变动转换成本；二是与委托金额无关，只与转换次数有关的费用，例如委托手续费、过户费等，这种费用按交易次数支付，每次交易支付的费用金额是相等的，属于固定转换成本。

④现金的短缺成本。这是指企业在发生现金短缺的情况下所造成的损失，如在现金短缺时，因不能及时购买原材料等而使企业生产不能正常进行所付出的代价，或因不能按时偿还贷款而支付的罚息等。

（二）最佳现金持有量的确定

一般来讲，流动性较强的资产，其收益性较低，这意味着企业应尽可能少地置存现金，其数额过多会导致企业盈利水平的下降，但其数额过少又可能出现现金短缺，从而影响生产经营的正常进行。

确定最佳现金持有量的方法很多，这里主要介绍成本分析模式、现金周转模式和存货模式。

（1）成本分析模式。成本分析模式是根据现金持有的有关成本，分析、预测其总成本最低时现金持有量的一种方法。成本分析模式只考虑持有一定数量现金的管理成本、机会成本和短缺成本，而不考虑转换成本。管理成本具有固定成本的性质，与现金持有量不存在明显的线性关系；机会成本与现金持有量成正比例变动。

（2）现金周转模式。现金周转模式是从现金周转的角度出发，根据现金周转速度来确定最佳现金持有量的模式。该模式在运用中包括以下三个步骤。

①计算现金周转期。现金周转期是指公司从购买材料支付现金至销售商品收回现金的时间，即现金周转一次所需要的天数。

②计算现金周转率。现金周转率是指 1 年或一个经营周期内现金的周转次数。

③计算目标现金持有量。

（3）存货模式。存货模式的基本原理是将企业的现金持有量与短期有价证券联系起来考虑，即将现金持有机会成本与短期有价证券的转换成本进行权衡，以求得二者相加的总成本最低时的现金余额，从而得出最佳现金持有量。

机会成本是指持有现金的代价，表现为因持有现金不能投资到其他领域而丧失的盈利。机会成本与现金持有量呈同向变动关系。

由于机会成本和转换成本随着现金持有量的变动呈现出相反的变动趋势，这就要求企业必须对现金与有价证券的分割比例进行合理安排，从而使机会成本和转换成本保持最佳组合。也就是说，能够使现金管理的机会成本和转换成本之和保持最低的现金持有量即为最佳现金持有量。

现金收支日常管理的目的在于降低现金的运行成本，提高现金的使用效率。为了达到这一目的，企业在现金收支的日常管理中应当注意以下四个方面的工作。

①力争现金流量同步。企业如果能够使其现金流出与现金流入在发生的时间上同步，就能够以当时的现金流入支付现金流出，从而减少日常的现金储备，降低现金库存的余额。现金流量同步主要针对交易性现金流量而言，可以尽量将购买原材料或支付劳务的现金流出的时间安排在企业对外销售商品或提供劳务收取现金的时期内，这样企业不需要储备更多的库存现金。

②加速收款。加速收款是指尽量缩短应收账款的回收时间。应收账款是商业信用的主要类型，利用应收账款能够有效吸引客户，扩大企业销售规模，增加销售收入。但是，应收账款又会增加企业的资金占用，这就需要在扩大销售和缩短收款时间两者之间找到恰当的平衡点，制定合理的收账政策。

③推迟支付。推迟支付是针对应付账款的支付而言的。在不影响企业商业信誉的前提下，企业应当尽量利用供货方所提供的信用优惠，推迟应付账款的支付期，尽量在信用期的最后一天付款。

④利用现金浮游量。现金浮游量是指企业的银行存款账户上现金余额与银行的企业银行存款账户上存款余额之间的差额。有时企业账簿上现金余额

不多甚至趋于零，但银行账户上本企业的现金余额还有不少。出现这种情况的原因是由于企业开出付款支票后，顾客还没有到银行去兑现。业务频繁的大型企业经常面临着大量的付款对象和付款业务，也就常年存在着银行存款账户的现金浮游量。财务经理应当正确测算日平均现金浮游量，控制使用时间，避免银行透支情况的出现。

三、应收账款管理

企业的债权包括应收账款、应收票据、预付货款、其他应收款等。应收账款是企业债权的主要构成部分，其数额大、业务频繁、管理任务重，故本小节着重介绍应收账款的管理。

（一）应收账款产生的原因及其管理的要求

应收账款是指企业因对外销售产品、商品、提供劳务等，应向购货或接受劳务的单位、个人收取的款项。应收账款的产生，将占用企业资金，影响企业的资金周转。然而，应收账款对企业来说是不可回避的，其主要原因是：第一，商业竞争的需要。在公平的商业竞争中，赊销也是一种合法的竞争手段。当某两个企业其他条件均相等，某一企业采用赊销手段促销时，其销售量一定会大于另一企业。第二，实现销售和收款的时间差距。在企业间进行交易时，因结算方法等原因使企业发货后不能及时收到货款。

赊销产生应收账款的主要目的是扩大销售，从而多实现利润。但是，过多的应收账款导致其坏账损失也大，资金占用量也多，同时也影响企业的资金周转。对应收账款的管理，需要在扩大销售、多实现利润与为其付出的代价之间进行权衡，以实现更多的利润。

（二）信用条件

1. 信用条件的含义

信用条件包括信用期限、信用标准和现金折扣。例如，某企业为了扩大销售并及时收回货款，在给购货单位一定信用期限时，对于提前付款的客户给予折扣优惠。如 10 天内付款优惠 2%，可表示为 2/10。同时，对各客户应收账款据其信用情况制定最高限额，如果某企业应收账款达到最高限额，就不再对其赊销。

信用条件的制定是一种特殊的市场竞争，企业必须认真地制定信用条件。一般来说，对于一般客户可给予相同的信用条件，如果要给予某客户特殊的优惠，就必须充分了解该客户历史和现实的财务及信用状况。西方国家有专门的机构，即信用代理人（credit agent），它们可以为用户提供各企业的信用等级与信用报告，企业管理者可根据该信息决定对各客户的优惠程度。对于某些信用额度很大的客户，管理者必须进行进一步调查分析，比率分析法是一种常用的评价方法。如果对方财务状况不佳，较明显地表明会发生坏账损失，这时还应分析客户的盈利情况，不要简单地拒绝其赊购要求，不然会使客户去另一企业购货。虽然有些公司坏账损失率很低，但可能其客户不多，销售量不大。

2. 信用标准

对客户进行风险分析和权衡是很困难的事，要做到既不赶走客户，又减少坏账损失，这比自然科学还更富有艺术性，所以有的人称会计学是一门艺术。一个有经验的管理人员首先要弄清对方的详细情况，收集对方的历史资料，确定客户的信用标准。

（1）特点，是指企业的信誉，即履行偿债义务的可能性，可以通过客户过去的付款记录，看其是否一直按期如数付款，如果能做到这一点，说明该客户信用好。特点是评价客户信用品质的首要因素。

（2）能力，即客户的偿债能力，可以通过其流动资产的数量与质量、流动比率、速动比率来确定。流动资产的数额以及与流动负债的比率可考核客户的偿债能力，但不能忽视其质量。如果某企业流动资产中存货、预付账款、待摊费用或应收账款比重很大，其偿债能力并不强。

（3）资本，即客户的财务实力。如果某企业的资本雄厚，可以说明其偿还债务的背景。考核这一指标时要注意企业是否亏损，亏损会降低资本总额。

（4）抵押品，是指客户在取得企业信用时用某些资产作为抵押品。这样做对于不知底细或信用状况具有争议的客户尤为重要，一旦收不到这些客户的欠款,可以抵押品抵补。

(5)条件,是指可能影响客户付款能力的经济环境。

3. 信用政策的制定

怎样根据各客户具体情况来制定信用政策,是一项具体而且重要的工作。企业对客户信用政策要求高,应收账款占用少,坏账损失也少,但是销售收入也会下降。反之,对客户信用政策放宽,销售收入会增加,应收账款也增多,坏账损失也增大。如何解决这个矛盾呢?企业的最终目的是增加利润,经过对各种情形的测算,净收入最大的方案所用的信用政策最佳。

四、存货管理

存货是指企业在生产经营过程中为销售或者耗用而储备的物资。工业企业的存货包括原材料、燃料、包装物、低值易耗品、在产品、半成品和产成品。

(一) 存货的计价及其储存的原因

1. 存货的计价

存货的计价应按其实际成本计价,存货的计价方法按其取得方式不同列示如下:购入的存货,除商品外,要按照买价加运杂费、保险费、途中合理损耗、入库前的加工、整理和挑选费用计价;商品流通企业的外购商品,按成本计价;自制的存货,按照制造过程中的各项实际支出计价;委托外单位加工的存货,按照被加工的原材料的实际成本加上运输费、加工费等计价;投资者投入的存货,按照评估或者合同、协议确认的价值计价;盘盈的存货,按照同类存货成本或者市价计价;接受捐赠的存货,可按发票、报关单所列金额加上运输费、保险费和税金等计价,若无发票,可按市价计价。

2. 储存存货的原因

存货是企业流动资产的主要组成部分,占用了企业较大数额的资金,在保证企业生产经营正常进行的前提下,如果企业无存货,流动资金占用少,其经济效益肯定好。一般来讲,企业都有存货,因为企业总有储存存货的需要。企业储存存货，主要有以下两点原因。

（1）生产经营的需要。企业为了保证生产的顺利进行，必须购进原材料，在不能保证随时需要随时供货的情况下，企业必须储存一定量的原材料，防止企业因待料而停工。

（2）降低存货的成本。一些销售单位为了增加销售量，根据购买方每次购货的批量大小给予一定的折扣，批量大折扣大。企业为了使存货购价便宜，有时会整批购入物资，供较长一段时间使用。

（二）存货管理的一般要求

在企业内部，各部门从自身的角度考虑，对存货的管理有着不同的要求。

财务部门希望存货占用的资金越少越好，因为财务管理部门的职责是管理资金，降低了存货占用，既可以将节约的资金用于他处，又可以节省利息开支。

供应部门则希望能大量采购物资，因为这样既可以节省运输费用，还可以得到价格上的优惠；供应部门还希望提前进货，以免中断供应而受到批评。

销售部门希望企业有大量的、品种繁多的产成品存货，这样不仅能增强市场的竞争力，增加销售额，而且还能减少因缺货而造成的销售损失。

从各部门的要求来看，它们在许多方面是有矛盾的。为了达到整个企业的总体优化，必须考虑到各部门的合理要求，权衡其间的冲突，以达到整个企业获取最大的利益。

（三）储备存货的有关成本

存货储备的成本包括取得成本、储存成本与缺货成本三部分。

1. 取得成本

取得成本是指为取得某种存货而支出的成本，该成本又分为存货成本与采购成本。

存货成本是指存货本身的价值，它是存货的买价或制造成本。设年需用量为 D，存货单价为 U，则年存货成本为 DU。采购成本是指与采购原材料部件相关的物流费用，包括采购订单费用、采购计划制订人员的管理费用、采购人员管理费用等。存货的采购成本包括购买价款、相关税费、运输费、装卸费、保险费以及其他可归属于存货采购成本的费用。

2. 储存成本

储存成本是指为保持存货而发生的成本，包括存货的资金占用费、仓储费、保险费等。储存成本也含部分固定成本，例如仓库的折旧费、保管人员的计时工资，为了计算方便，本书也略去该固定成本。

3. 缺货成本

缺货成本是指由于存货供应中断而造成的损失。包括停工待料、产成品缺货，企业因此必然会发生较大的损失。

另外，产成品缺货也会造成较严重的损失，这些损失是不便于计量但却是很大的。如果缺货，客户就会转向另一企业购买，到手的利润就飞了。

企业应尽量避免缺货成本的发生，所以在一般存货决策时，设缺货成本为零，为了避免缺货成本发生，一些企业设立保险储备量，该内容将在本节后面介绍。

（四）经济订货批量

前面介绍了存货储存成本由取得成本与储存成本构成。取得成本中的采购成本与储存成本是较强的反相关关系，即为了节约采购成本，减少采购次数，必然要增加每批的采购量，就要增加储存成本；为了降低储存成本，减少储存量，必然要增加采购次数，增加采购成本。存货本身的进价，是由市场决定的，选择质量好、价格低、信誉高的供应商是企业供应部门的职责，财务部门的职责是尽量降低存货的总成本，为了使采购成本与储存成本之和最低，关键要选择一个最佳的订货批量，为了简明地计算出经济订货批量，就要设立一个经济订货批量的基本模型。要设立基本模型，就需要满足一些假定的前提条件：企业能及时补充存货；能集中到货，不是陆续入库；无缺货成本；年需用量确定；单价不变；交货时间不变。

1. 确定提前订货期

材料用完后再去购料，一般来说，企业的材料存货难以做到随要随到，这样，在库存就会造成停工待料。为了保证生产不断进行，在库存材料还未用完时，就要提前订货，要保证做到材料用完时，新购入的材料正好入库。

如果订货时不预付货款，即不需要占用资金，那么订货提前期对经济批量并没有影响。

2. 保险储备

经济订购批量基本模型假定需求量不变，交货时间不变。实际上，日需求量与交货时间总要发生一点变化，为了防止缺货成本的发生，必须多储存一点存货，以防不测，称为保险储备。保险储备在正常情况下是不动用的，只在原材料等存货过量使用或进货延迟时才动用。

保险储备量的确定，也不是一个简单的问题，因为储备过多，会造成资金占用多，成本增加；储备太少，会造成缺货损失。对一般企业而言，可据财务人员的经验，确定一个合理的储备量。

（五）存货的风险及其实物管理

存货的风险主要是指因存货的市价跌落而造成企业资产价值减少。存货的市价跌落与存货的类型有紧密关系。一般存货的市价是起伏波动的，但有些类型的存货的市价跌落的时候较多，高科技产品就是一例。

存货的市价跌落还与存货的流行性有关，如纺织服装产品，过时的时装及面料的市价将大大降低。

农副产品的市价与产量与需求量有紧密关系，但某农副产品产量过大，需求量不变或降低时，其市价必然会大大降低。

对某些市价降低较快的存货，千万不能储存过多，不然会造成企业严重损失。为了确保企业的资产不受损失，还必须加强对存货的实物管理。首先要加强会计账簿记录，一般对存货都应采用账面盘存制，计量，定期盘点，保证账实相符。同时认真办理存货进出库手续，严格责任制，防止存货腐烂变质、能保证存货的安全完整，还要加强对实物的保管，建立实物保管经济挥发损耗、贪污盗窃的现象发生，这样才能保证企业的资产不受损失。

（六）适时管理系统

1. 适时管理系统的概念及作用

最近一场存货管理的革命，对传统的存货管理提出了挑战，这就是适时管理系统（just in time inventory systems），又称为零存货管理系统，简称 JIT，该系统的特征是，争取存货为零，即在生产刚开始时，供应商发出的原材料正好到达；在生产线上，没有留存的半成品，只有不断运动的在产品；产品一旦完工，马上销售出去：适时管理系统有很多好处：其一，大大减少了存货的资金占用，除了生产线上流动的在产品外，其他存货为零。这样，节约的资金可用于其他投资，还节省了资金占用费。其二，减少甚至不要仓库，原有的仓库可改建成生产车间。其三，适时管理系统必须与全面质量管理同步进行，提高企业的产品质量，减少废品损失，即使出现废次品，也会及时得到修复和处置，因为该系统生产线上不允许存货留滞。其四，因该系统促使生产过程中的及时周转，将大大提高劳动生产率。

2. 适时管理系统的前提条件

要成功地实施适时管理系统必须要满足一定的前提条件，即要在成熟的市场经济条件下，各企业严守信用，拥有高素质的员工和先进的管理办法。具体来说，有以下五个条件。

（1）企业必须有几个守信用、随叫随到、签订了长期合同的供应商。

（2）供应商愿意频繁地、小批量地为客户送货上门。为了减少流通环节，节约流通费，供应商必须直接地为众多的客户提供原材料，客户受益，供应商也因此受益。

（3）企业必须实行全面质量管理（TQC）系统，对原材料、零配件、半成品都要严格进行质量控制。TQC 系统是不允许任何问题发生，即使出了问题，也必须随时处理，不允许其流向下一道工序，TQC 系统还必须有严密的预报系统，以预防全生产线质量问题的发生。

（4）必须有高素质的员工，员工们还必须经过 JIT 系统培训，熟练执行 JIT 系统。各企业的情况不尽相同，机器设备不同，生产线不同，产品也不同，所以各企业管理人员，必须根据本企业的实际情况，制定和实施 JIT 系统。

（5）产品适销对路，严格管理销售合同。刚完工的产品，必须马上销售出去，这就要企业按计划或合同来进行生产。

3. 适时管理系统的应用与发展

适时管理系统在实际运用时，并不能真正做到无存货，因为在工业企业的生产线上，商业企业的柜台中，必须有存货占用。另外，并不是所有的企业都可以取消仓库。适时管理系统在应用中的一个重要问题就是必须要有 JIT 的观念，该观念的要点是存货管理应使管理简单化并消除一切浪费，零存货管理的观念主要有以下三点。

（1）对不增加产品价值的一切活动予以取消。在企业的生产经营过程中，有一些活动是不增加价值的，例如：

$$生产过程 = 生产时间 + 检验时间 + 运输时间 + 等待时间$$

其中，仅生产时间增加产品的价值，而其他的耗用时间不增加产品的价值。作为 JIT 系统，要尽量消除这些不增加产品价值的活动，因为这些活动不仅不增值，反而增加产品成本。服务业、商品流通业也要消除一些既耗费成本又不增值的活动。

（2）必须保证企业的一切活动能高质量地完成。JIT 系统要求从工作开始，一切活动都要正确无误，不允许做重复的工作，不然就会增加成本。从某些角度来看，产品的质量比降低成本更重要，有的企业就提出质量是企业生命的口号。

（3）实行 JIT 系统的同时，要不断地发展与改善管理活动。JIT 系统是一个先进的管理系统，实行该系统会不断地发现新问题，而改进原有的管理方法与活动。

第三节　固定资产、无形资产与递延资产管理

固定资产投资的结果形成固定资产，固定资产周转特点及对再生产的作用与流动资产有着显著的区别。固定资产投资是否能收回以及投资效果如何，取决于固定资产的使用效率，企业的折旧政策会对企业的筹资、投资和分配产生重大的影响。

一、固定资产的特点、分类及管理原则

（一）固定资产的特点

固定资产是企业资产的主要构成项目，它是指使用年限在一年以上、单位价值在规定标准以上，并且在使用过程中保持原来物质形态的资产，例如厂房建筑、机器设备、运输工具、器具等。

固定资产作为企业生产经营活动所必需的主要劳动资料，有些是作为生产的必要条件而存在的，例如房屋和建筑物等；有些直接参与劳动过程，把生产者的劳动传递到劳动对象上去，例如机器设备与工具等；有些则是在生产中起辅助的作用，例如运输工具等。但并非所有劳动资料都是固定资产，在实务中，为了便于管理和核算，往往将一些使用期限较短和单位价格较低的劳动资料作为低值易耗品，按流动资产来管理。

固定资产具有反复周转使用，价值逐渐转移，并在使用中保持原来物质形态的特征。具体来说，固定资产有以下特点。

1. 固定资产的回收时间长

固定资产价值或固定资产投资是在使用寿命期内分期收回的，而固定资产使用寿命又受多种因素的制约，例如固定资产的使用情况、使用条件、固定资产的质量及耐用程度，维修保养的好坏以及科学技术的进步情况等。

2. 固定资产变现能力差

固定资产投入使用后，会在许多个生产周期内发挥作用，一方面其价值是分次逐渐转移和补偿的；另一方面，以厂房和机器设备等形式存在，不易改变用途，投资具有不可逆转性，出售困难，变现能力差。

3. 固定资产面临的风险较大

固定资产属长期资产，其用途具有固定性，但市场的变化和消费的多变性往往会造成企业运用固定资产所生产的产品或提供的服务不再适合市场需要，此时，固定资产投资不仅得不到报酬，反而面临投资损失的可能。

4. 固定资产的资金占用量相对稳定，而实物营运能力取决于企业的利用程度

固定资产投资一经完成，其占用的资金数量保持相对稳定，且实物营运

能力也被确定在相关业务范围内，由于其使用成本总额的固定性，导致企业在不需要追加固定资产投资的情况下，可通过提高效率来使现有固定资产完成更多的业务量，即可提高固定资产营运能力。

5. 固定资产的资金占用要考虑资金时间价值

固定资产投资回收期较长，投资形式既有一次投资，也有分次投资，必须将它们的价值按同口径计算。

6. 固定资产使用成本是一种非付现成本

固定资产使用成本是以提取折旧形式而发生。固定资产折旧一方面会以成本形式抵扣收入；另一方面，在提取折旧时，不仅不要支付现金从而成为非付现成本，而且还以货币准备金形态存在。

7. 固定资产投资次数相对较少，而投资额较大

固定资产的投资能否收回，关键在于其生产的产品或服务能够满足市场需要顺利销售出去。这就决定了企业固定资产资金的投放应特别慎重，要考虑其投资的必要性，技术上的先进性，资金上的可能性，因为企业用于固定资产投资相对金额较大且集中投放。

8. 固定资产的价值补偿与实物更新分别进行

固定资产价值补偿是随着固定资产的各期折旧逐步完成的，而固定资产更新则是根据企业生产经营的需要确定，而且一般是在固定资产报废或不宜再继续使用时，才利用平时积累的货币准备金去加以更新的。这就形成了固定资产价值补偿值和实物更新在时间上的不同步。

（二）固定资产的分类

每个企业的固定资产种类繁多，规格各异，为了反映固定资产增减变化情况，加强固定资产管理，有必要对其按不同标准进行科学的分类。

1. 按经济用途分类

可分为经营用与非经营用两大类固定资产。经营用的有房屋、建筑物、机器设备等。非经营用固定资产是指不直接服务于企业生产经营过程的各种固定资产。

按经济用途分类，可根据分析固定资产的构成，了解企业的生产技术水

平，还可以根据各类固定资产的性质与特点进行组织管理，研究提高其使用效益的途径。

2. 按所有权分类

可分为自有固定资产与租入固定资产。企业自有固定资产是指产权属企业所有的固定资产。租入固定资产是指按租借合同从其他单位租入供本企业使用的固定资产。

3. 按使用情况分类

可分为使用中、未使用和不需用固定资产。

使用中的固定资产是指正在使用的经营性与非经营性的各项固定资产。由于季节性经营或大修理等原因停用的设备在管理上也列为使用中的固定资产。

未使用的固定资产指企业已完工或已购建尚未交付使用的新增固定资产，调入尚待安装的固定资产；进行改建扩建的固定资产，以及经批准停止使用的固定资产。

4. 按经济性质分类

可分为通用设备、专用设备和房屋建筑三大类。通用设备指国民经济各部门用于制造和维修所需物质技术装备的各种生产设备。例如，金属切削机床和锻压设备，它们不但是创造国民经济物质技术装备的机械工业的主要生产设备，也是国民经济各物质生产部门为维护修配其生产技术装备所必需的技术后方设备。

专用设备指专门针对某一种或一类对象，实现一项或几项功能的设备。

房屋建筑指在规划设计地点，为用户或投资人提供进行生活、生产、工作或其他活动的实体。

5. 按固定资产运行效率分类

可分为满负荷运行的固定资产与运行不足（或开工不足）的固定资产。

满负荷运行的固定资产指投入生产经营或服务中使用的固定资产，完全按照设计能力营运，其生产经营或服务能力达到最大的固定资产。

运行不足的固定资产是指投入生产经营或服务中使用的固定资产，未按照设计能力营运，其生产经营或服务能力没有达到最大的固定资产。

（三）固定资产管理原则

加强固定资产管理，既要着眼于实物方面，也要重视价值方面，以保证固定资产的完整无缺和固定资产的使用效果，因而应遵循一些基本原则。

1. 充分使用

要求企业必须将固定资产全部投入使用，不能出现闲置不用的固定资产。

2. 满负荷运行

要求企业所使用的固定资产都能按照设计能力高效率运转，不浪费固定资产的营运能力。

3. 实物负责

企业固定资产在财务部门的统一协调下，按固定资产的类别，归口给各级使用单位负责管理，并进一步落实到班组和个人，即实行归口分级管理。例如，生产经营和服务设备、动力设备、运输工具、房屋与家具用具、科研开发设备可分别归口给生产经营和服务部门、动力部门、运输部门、总务部门及技术部门负责管理；按固定资产的使用地点将各类固定资产分别交由企业内部各级单位及负责人负责固定资产实物完整性、维修与养护的管理。

4. 生产最大可能性

固定资产应尽可能多地投放于生产经营和服务领域，使直接创造或提供收入的生产经营用固定资产比重最大。

5. 更新年限的经济性

企业不论是选择完全按原样进行更新方式，还是在先进技术基础上的更新方式，以及决定何时进行固定资产更新，都应根据经济合理性的规则来进行。

针对上述固定资产的特点及管理原则，企业要搞好固定资产管理，应当注意以下几个目标的实现：①维持固定资产的再生产能力；②提高固定资产使用效率；③正确规划固定资产的需用量；④实现企业折旧政策与企业财务状况的协调；⑤强化固定资产投资决策管理，提高投资效益。

二、固定资产需用量的预测和计划

（一）固定资产需用量的预测

企业预测固定资产需用量是一项综合性很强的工作，它要根据企业生产规模、现有生产能力、产品特点、专业化程度等实际情况，分别对不同生产部门、不同产品或不同工艺加工过程等各方面因素分析后确定。由于生产设备是决定企业生产能力的最基本因素，占的比重又大，因而预测固定资产需用量的主要内容是预测生产设备的需用量。

（二）固定资产投资效益的预测

固定资产投资效益的预测，是对固定资产方案效益的预计、测算、研究和比较，是企业对投资项目进行技术经济可行性分析的一项重要内容，也构成企业财务人员在可行性分析中应承担的一项主要职责。

（三）固定资产投资计划

固定资产投资计划是对计划期内固定资产的投资支出、投资来源和投资效果所作出的全面安排。

1. 固定资产投资支出计划

固定资产投资支出是企业用于厂房设备的扩建、改建、购置、更新以及资源的开发、利用和技术改造等方面的支出，其计划应列出固定资产投资项目、购建数量、投资时间、完成时间及投资支出额等。

2. 固定资产投资资金来源计划

企业确定了固定资产投资支出计划后，即应确定相应的资金来源计划，以平衡投资的需要与来源，确定不足资金的来源渠道。

3. 固定资产投资效果计划

固定资产投资效果可从两个方面来考虑：一是用较少的投资取得较多的成果，二是投资的回收速度。

三、固定资产折旧政策

固定资产在生产过程中会发生有形的和无形的磨损，这种损耗的货币表现形式便是折旧。固定资产折旧是指固定资产因磨损而转移到产品和服务中去的那部分价值。固定资产价值中的一部分价值保留在固定资产上，在会计上称为固定资产净值或折余价值，另一部分价值转移到产品或劳务中，通过产品或劳务的出售而收回，称为转移价值或折旧价值，这便是固定资产价值的双重存在。

（一）国家对企业固定资产折旧政策

国家折旧政策实际上是税法中有关对计提固定资产的范围、固定资产的折旧分类、固定资产折旧的方法和年限的规范，其目的是为了实现征税目标、稳定税收，它具有相对的稳定性和广泛的适应性。

1. 计提折旧的固定资产范围

企业下列固定资产计提折旧：房屋和建筑物；在用的机器设备、仪器仪表、运输车辆、工具器具；季节性停用和修理停用的设备，以经营租赁方式租出的固定资产，以融资租赁方式租入的固定资产；虽已交付使用但尚未办理竣工决算的工程，自交付使用之日起，估价转入固定资产，并计提折旧，竣工决算办理完毕以后，按照决算数调整原估价和已计提折旧。

房屋、建筑物以外的未使用、不需用的固定资产，以经营租赁方式租入的固定资产，已提足折旧继续使用的固定资产，按照规定提取维简费的固定资产，破产、关停企业的固定资产，以前已经估价单独入账的土地等，不计提折旧。

2. 固定资产的折旧分类

我国将固定资产的折旧分类按通用设备、专用设备和房屋建筑物三大部门进行分类，又将工业企业具体分出 22 类，运输企业具体分出 20 类，商品流通企业具体分出 15 类。

3. 固定资产的折旧方法

（1）企业固定资产折旧一般应采用直线法，具体包括平均年限法和工作量法。

（2）部分企业与设备可采用加速折旧法，但只能选用年数总和法或双倍余额递减法。现行制度规定，在国民经济中具有重要地位、技术进步快的电子生产企业、船舶工业企业、生产"母机"的机械企业、飞机制造企业、汽车制造企业、化工生产企业和医药生产企业以及其他经财政部批准的特殊行业的企业，其机器检测设备、电子计算机及经批准的部分设备可实行加速折旧。

（二）企业固定资产折旧政策

1. 企业折旧政策的概念

随着市场经济进一步发展，企业在遵守国家的折旧政策前提下，可以就自身的固定资产折旧方法和折旧年限做出规定和安排，形成企业折旧政策。这一概念包括以下三方面。

（1）折旧政策与企业财务状况及其变动趋势密切联系在一起，即企业的财务状况及其变动趋势在一定程度上决定了企业采取怎样的折旧政策，但通过折旧政策也可以调整和改善企业的财务状况，因而企业折旧政策的选择要与一定的理财目标相联系。

（2）企业折旧政策的中心内容就是确定折旧方法和折旧年限，从而最终确定一定时期内折旧额的多少。

（3）企业折旧政策表现为一个选择过程，原因是企业财务状况在不断变动，折旧政策也应相应适当调整。

2. 折旧政策对企业财务的影响

企业财务状况决定了折旧政策的选择，而折旧政策的选择又影响到企业财务。

3. 制定企业折旧政策应考虑的因素

折旧政策是一项财务政策，主要影响因素是企业的财务状况及其变动趋势。归纳起来，制定企业折旧政策应考虑。

（1）固定资产磨损状况：在科技不断进步的当今，固定资产无形磨损显著加快，从而快速折旧，短时间收回固定资产价值已成为一种发展趋势。

（2）企业一定时期的现金流量状况：理论上，当现金盈余较多且企业不需要快速扩张时，可以选择直线折旧和折旧年限较长的折旧政策；当现金短缺时，应选择快速折旧、折旧年限较短的折旧政策。

（3）纳税考虑：为延期纳税，企业需要快速折旧、短时间收回固定资产价值。当然，纳税考虑只能在国家折旧政策的弹性范围内，由企业作出的一种有限选择。

（4）企业市场价值高低：一定时期企业市场价值的高低与企业的利润分配水平紧密相关。如当企业需要提高盈利水平时，可以采用直线折旧、长年限折旧，反之亦然。

（5）企业对风险的偏好：风险偏好者并不担心未来市场变动对固定资产价值收回的影响，可选择直线折旧、长年限的折旧政策；风险厌恶者，一般会选择快速折旧、较短期的折旧政策。

4. 折旧政策的种类

由于折旧的方法有快速折旧和直线折旧两种基本类型，折旧的时间有短期与长期两种。这样企业折旧政策可以归为四种类型。

（1）短时间快速折旧政策：要求固定资产投资价值在较短时期收回，而折旧额在各年是等额或先多后少。

（2）长期快速折旧政策：折旧额依时间的推延呈现先多后少的趋势，在折旧时期内并不缩短固定资产使用寿命。

（3）长时间慢速折旧政策：折旧额提取的时间较长，且依时间顺序提取的折旧额先少后多。

（4）长时间平均折旧政策：折旧额提取的时间较长，且折旧期间内各期提取的折旧数额是相等的。

对于（1）而言，只考虑无形磨损，一般不考虑固定资产的实物磨损程度，因而固定资产折旧提取完毕后，往往还可继续使用；对（2）而言，既考虑固定资产无形磨损，又考虑实物磨损，折旧完毕后，往往固定资产不能再继续使用。对于（3）（4）两项政策，是以固定资产的实物磨损期为基础的，优先考虑实物磨损的最长期间，并以此作为折旧期间。当然，长时间慢速折旧政策只是一种理论设想，在实践中并未被采用，这主要是面对市场风险，企业往往需要采取稳定原则，对固定资产折旧应早提多计，而不能推迟提取。

这里需要注意的是：快速折旧是第二次世界大战后国际上广泛采用的一类折旧方法，其理论依据被认为是：①固定资产使用的前期效能高、精密度良好，因而创造的效益大，按照收益与费用的配比原则，前期应多分摊折旧额；②使用前期资产的修理费用少，后期则相反，这样折旧费逐年递减，使各年之间固定资产使用的总费用大体均衡；③西方企业很重视现金的回收，采用加速折旧法可以在固定资产使用的开头几年尽快收回原投资的大部分，再尽快采用新技术，增强企业竞争能力；④资金在周转使用中由于时间因素而形成的差额价值便是资金的时间价值。资金时间价值既是决定资金成本的一个重要因素，又是研究资金流出量和资金流入量的基础。显然，从资金时间价值角度看，早收回的投资比晚收回的投资价值更高；⑤采用加速折旧法可以避免无形损耗带来的风险和因意外事故提前报废所造成的损失；⑥在固定资产全部使用年限内，折旧总额和纳税总额是一个不变量，采用加速折旧法，在固定资产使用的前几年，多分摊折旧额，就可推迟一部分税款的缴纳期限，等于使用了无息贷款。

第四节　成本费用管理

在其他条件既定的前提下，成本费用与利润总额之间存在着此增彼减的关系。因此，加强成本费用管理，努力降低制造成本，节省期间费用，对提高企业经济效益具有十分重要的意义。

一、成本费用管理概述

（一）成本费用的概念及内容

1. 费用的概念及分类

工业企业的生产经营过程，既是产品形成和产品销售过程，也是物化劳动和活劳动的耗费过程。企业在生产经营过程中为取得收入而发生的各种必要的耗费，统称费用，包括产品生产中消耗的原材料、燃料、动力，机器设备在使用中发生的磨损，支付给职工的工资等。正确认识费用的含义，必须划清费用与支出的界限。

企业在整个会计期间发生的费用，可分为直接费用、间接费用和期间费用三类。

（1）直接费用：指直接为生产产品和提供工业性劳务而发生的各种费用，包括直接材料、直接工资和其他直接支出。

①直接材料，又称直接材料成本，包括企业生产经营过程中实际消耗的原材料、辅助材料、设备配件、外购半成品、燃料、动力、包装物以及其他直接材料。

②直接工资，又称直接工资成本，指企业直接从事产品生产人员的工资、奖金、津贴和补贴等。

③其他直接支出，包括直接从事产品生产人员的职工福利费等。

（2）间接费用：间接费用又称间接制造费用，指应由产品成本负担，但不能直接计入有关产品的各种费用。包括企业各生产单位为组织和管理生产所发生的生产单位管理人员工资，职工福利费，生产单位房屋建筑物及机器设备的折旧费，原油储量有偿使用费，油田维护费，矿山维简费，租赁费，修理费，机物料消耗，低值易耗品，取暖费，水电费，办公费，差旅费，运输费，保险费，设计制图费，试验检验费，劳动保护费，季节性、修理期间的停工损失以及其他制造费用。

（3）期间费用：期间费用又称时间费用，指不受企业产品产量增减影响，必须从当期营业收入得到补偿的各种费用，包括管理费用、财务费用和销售费用。

①管理费用：企业行政管理部门为组织和管理经营活动而发生的各项费用。

②财务费用：企业为筹集资金而发生的各项费用。

③销售费用：企业在销售产品、自制半成品和提供劳务等过程中发生的各项费用以及专设销售机构的各项经费。

2. 成本的概念及其与费用的关系

我国理论界对成本的认识，是建立在马克思价值理论基础之上的。马克思主义认为，社会产品的价值（W）由三部分组成，即 $W = C + V + M$。其中，C 为已消耗生产资料的价值，V 为劳动者为自己劳动所创造的价值，M 为劳动者为社会劳动所创造的价值。产品成本就是以货币形式表现的产品价值的前两部分，即 $C + V$ 的等价物。马克思学说中的成本概念是测算理论价格的依据，通常人们把它称之为理论成本。理论成本是广义的，一般是指在正常生产、合理经营条件下的社会平均成本。

在成本管理与核算实践中，由于理论成本不能较好地解决一些实际问题，诸如利息支出、停工损失、保险费支出等的归属问题。实际应用成本是理论成本的具体化，它虽然以理论成本为基础，但比理论成本包括的范围更广泛、内容更复杂。

无论是理论成本还是实际应用成本，指的都是产品成本。产品成本在制造成本法下又称制造成本，是按照成本开支范围的规定核算出来的企业在产品生产过程中所发生的物质消耗、劳动报酬以及有关费用支出，包括直接材料、直接工资、其他直接支出和制造费用。

费用与成本是既互相联系又互相区别的两个概念。费用的归集是计算成本的基础，成本是对象化的费用，即以产品为对象计算到车间为止的费用。一定时期发生的费用，并不全部计入当期成本，例如待摊费用；计入当期成本的并不一定是当期实际发生的费用，例如预提费用；还有一些费用，例如管理费用，并不计入成本。

（二）成本费用管理的意义

成本费用管理，是指对企业生产经营过程中所发生的制造成本和期间费用进行预测、计划、控制、考核和分析等一系列管理工作的总称。

加强成本费用管理，不断降低制造成本，节省期间费用，无论从微观经济还是宏观经济角度来看，都具有十分重大的意义。

（1）加强成本费用管理，有利于增加企业盈利，促进企业发展。由于在其他条件既定的前提下，成本费用与利润之间存在着此增彼减的关系。因此，通过加强管理，不断降低制造成本，节省期间费用，就能达到增加企业盈利的目的。

（2）加强成本费用管理，有利于促进企业改进生产经营管理工作，提高管理水平。成本费用是综合性较强的经济指标，企业材料物资消耗的多少、产品质量的好坏、劳动生产率的高低等，都能通过它反映出来。加强成本费用管理，一方面要求从设计到销售各职能部门都要贯彻增收节支原则，处处精打细算，努力完成成本计划和费用预算；另一方面通过定期或不定期检查分析成本费用升降原因，发现企业在生产、技术和经营管理上存在的问题，找出解决问题的办法和途径，从而促进企业改进生产经营管理工作，不断提高管理水平。

（3）加强成本费用管理，有利于更好地满足社会需要，加速国民经济的发展。加强成本费用管理，降低制造成本，节省期间费用，意味着物化劳动和活劳动的节约，企业就能以较少的劳动耗费生产同样多的产品，或者以同样的劳动耗费生产更多的产品。这样，就可以将节约的经济资源用于扩大生产规模，增加品种和产量，向社会提供更多更好的产品，以满足社会需要，为国家建设积累资金，加速国民经济的发展。因此，加强成本费用管理，降低制造成本，节省期间费用，可以为降低产品的社会平均成本，从而降低产品价格创造条件，增加劳动者的实际收入，提高人民群众的物质生活水平。

（三）成本费用管理的要求

随着科学技术的进步，管理水平的提高，以及国家有关财经制度的健全和完善，对企业成本费用管理的要求也越来越高，其主要内容如下。

1. 划清成本费用界限

严格遵守成本开支范围和费用标准，划清成本费用界限。成本开支范围，是指国家对企业在生产经营过程中所发生的各种费用，允许计入制造成本的具体项目及内容。费用标准，是指国家对某些费用开支所规定的统一标准，如工会经费按职工工资总额的2%计提等。在成本费用管理中，企业必须严格按照新财务制度的规定，遵守成本开支范围和费用标准，不得随意扩大成本开支范围，擅自提高费用标准，乱摊乱提费用，确保成本费用的合法性。正确确定成本开支范围，企业还必须划清三个界限。

（1）划清本期成本和下期成本的界限；

（2）划清在产品成本和产成品成本的界限；

（3）划清各种产品成本的界限。

2. 实行成本费用管理责任制

企业应定期编制成本计划和费用预算，并结合企业内部经营承包工作，将成本费用目标纳入承包指标体系之中，建立归口分级管理责任制度，把降低制造成本，节省期间费用作为各责任部门应承担的经济责任和义务，使之做到分工明确、职责清楚、奖惩合理，实行全员成本费用管理，调动全体员工的积极性和创造性，有效地降低成本费用。

3. 正确处理降低成本与增加产量、提高质量的关系

成本与产量是相互促进的。一方面，增加产量能减少单位产品中的固定费用，相对地降低成本；另一方面，降低成本意味着物化劳动和活劳动的节约，为进一步增产创造了条件。因此，企业应贯彻"增产和节约"并重的原则，既抓增产，又抓节约，以增产求节约，以节约保增产，防止片面性。提高产品质量，意味着延长产品使用期限，提高产品使用性能，相当于节约了社会人力、物力。企业应把质量与成本两个方面结合起来加以考虑，利用价值工程学原理，正确处理产品的成本、功能与价值的关系，既要反对片面强调降低成本，偷工减料、粗制滥造、不顾产品质量的倾向；又要反对单纯为了产品质量，不计成本、追求剩余功能的倾向。

4. 成本费用管理与生产经营管理相结合

成本费用指标综合反映了企业生产经营过程中的各种耗费。加强成本费用管理，必须结合企业生产经营管理的实际情况，将其渗透到产品设计、工艺流程、物资供应、产品销售等生产经营领域中去。努力克服只注意投产后的成本费用管理，忽视投产前产品设计以及生产要素合理组织的成本费用管理；只注意生产过程的成本费用管理，忽视供应过程和销售过程的成本费用管理等错误倾向，对成本费用实行全面的全过程的管理。

二、制造成本管理

（一）制造成本的预测

成本预测，是指在编制成本计划之前，根据成本特性及已掌握的资料和信息，运用科学的方法，对未来时期成本水平和变化趋势进行预计和测算。成本预测作为成本管理的首要环节，既是编制成本计划的前提，也是企业管理者正确决策的重要依据，为提高企业经济效益指明了方向。

1. 确定目标成本

目标成本是企业在确保实现目标利润的前提下，生产一定产品所允许发生的制造成本总额，是企业一定时期成本管理工作的奋斗目标。目标成本的确定方法很多，常见的有保本点法、高低点法、功能成本分析法等。

（1）保本点法。保本点法是在产品售价和税率一定的前提下，根据目标利润来倒挤目标成本的方法。

（2）高低点法。高低点法是指利用历史资料中最高和最低时期的总成本，先计算出固定成本总额和单位变动成本，然后再推算出目标总成本的方法。

（3）功能成本分析法。指功能价值中，分析确定原有产品中实现每项功能的现实成本。有了现实成本，才能与功能价值比较，审定其功能价值的高低，从而改进其价值低的功能部分。功能成本分析要解决的是"这项功能现实成本是多少"的问题。

2. 确定成本降低目标

成本降低目标指计划期成本降低的幅度，常用降低额和降低率来反映。其计算公式为：

$$成本降低额 = 上年预计平均单位成本 - 单位目标成本$$

$$成本降低率 = \frac{成本降低额}{上年预计平均单位成本} \times 100\%$$

3. 测算有关指标变动对成本降低目标的影响程度

影响制造成本的主要因素有直接材料、直接人工和制造费用。因此，企业应从制造成本构成项目着手，测算有关因素变动对成本降低目标的影响，以便采取相应措施，确保成本降低目标的实现。

（二）成本计划的编制

成本计划是企业财务计划的重要组成部分，它是在成本预测的基础上，根据成本管理的要求，以货币形式预先规定企业在计划期生产耗费水平和成本降低任务的计划。

成本计划的内容主要包括：主要产品单位成本计划、全部商品产品成本计划、制造费用预算等。

成本计划的编制方式，因企业生产规模、生产特点和管理要求不同，一般有集中编制和分级编制两种类型。集中编制方式指由企业财会部门集中编制全厂的成本计划，它适用于实行一级核算的小型企业；分级编制方式是指先由各车间编制车间成本计划，然后再由企业财会部门汇总编制出全厂的成本计划，它适用于实行分级核算的大中型企业，其编制步骤如下。

（1）收集整理有关资料。

（2）预计和分析基期成本计划执行情况。

（3）预测计划期制造成本降低额和降低率，并对成本降低指标进行试算平衡。

（4）正式编制成本计划。

①编制辅助生产车间成本计划，并将辅助生产费用按受益情况分配到基本生产车间；

②编制基本生产车间成本计划，确定车间单位产品成本计划、车间产品成本计划、车间费用预算；

③财会部门汇总编制全厂成本计划，确定主要产品单位成本计划、全部商品产品成本计划和制造费用预算。

（三）制造成本的控制

成本控制是指企业以目标成本、消耗定额等为控制标准，对制造成本的形成过程进行指导、限制和监督，及时发现偏差并采取有效措施予以纠正，使实际成本支出被限制在规定的标准范围内，以确保目标成本的实现。

成本控制的程序一般包括四个环节。

（1）确定成本控制标准。成本控制标准是对各项费用开支和资源消耗规定的数量界限，包括目标成本、消耗定额、费用预算等，是进行成本控制和考核的主要依据。

（2）执行成本控制标准。对制造成本形成过程实施具体的监督和控制，以确保成本目标的实现。

（3）确定并消除偏差。核算实际消耗脱离成本目标的差异，分析偏差的性质和影响程度，确定偏差的原因及责任归属，采取有效措施纠正或消除偏差，让成本实际发生额始终控制在规定范围之内。

（4）考核奖惩，修订完善成本控制标准。根据成本指标执行结果进行奖惩，并对不切实际的成本控制标准进行修订和完善，改进成本控制方法，使制造成本不断降低。

如前所述，制造成本是产品的生产成本，包括企业在生产经营过程中实际的直接材料、直接人工和制造费用。因此，成本控制应从这三方面着手，结合生产经营工作，实行全过程的控制。

1. 直接材料费用的控制

直接材料费用在制造成本中往往占有很大比重，因而是成本控制的重点。对直接材料费用一般应从影响因素着手，从消耗量和价格两方面进行控制。

（1）材料消耗量的控制。

①产品设计要经济合理。在产品设计开发过程中，用价值工程原理分析产品或零部件的功能与成本，去掉多余功能和不必要装饰，克服材料消耗上的先天性不足和浪费；积极推广和采用经济实用的新工艺、新技术，提高材料利用率，千方百计节省材料。

②生产过程要严格把关。在生产过程中，对主要原材料和燃料消耗量要实行定额控制，即事前由生产技术部门会同供应和财会部门，对生产耗用的主要原材料和燃料制定消耗定额，作为车间、班组控制材料消耗量的标准，实行限额领料制度，超限额领料要由领料单位说明原因并提出改进措施，经

批准后方能办理领料手续。

（2）材料价格的控制。

①生产技术部门应科学合理地确定配方，在保证产品质量的前提下，尽量增加廉价材料的比重，减少贵重材料的比重，改进材料配比，千方百计寻找较为廉价的替代材料，降低材料平均单价。

②供应部门在供应环节应实行比价采购，科学计算经济采购批量，合理选择采购地点和运输方式，强化对材料验收、保管和盘存工作的管理，努力防止或减少材料损失，降低材料采购成本。

2. 直接人工费用的控制

直接人工费用作为制造成本的重要组成部分，主要受单位产品劳动时间和职工平均工资两大因素的影响，因此，对直接人工费用应从这两方面着手进行控制。

（1）单位产品劳动时间的控制。企业应在综合考虑生产经营计划、现有人员素质、技术装备条件以及管理水平等因素的基础上，由劳资部门牵头，会同生产技术部门和财会部门制订出先进合理的劳动定额和编制定员，作为监督劳动效率和有计划地安排劳动力的依据。劳动定额包括产量定额和工时定额，前者规定了单位时间生产产品的数量，后者规定了生产单位产品所需的时间。编制定员是企业在正常进行生产经营活动条件下，各部门、车间、班组必须配备各类人员的数量，包括一定数量的工人、管理人员、技术人员、服务人员等。

（2）职工平均工资的控制。职工平均工资的高低，主要受工资总额和劳动时间两因素的影响。因此，为控制职工平均工资，一方面应加强工资基金的管理，严格工资支出的范围和标准，控制人员特别是非生产人员的增加，确保国家批准的工资基金不被突破。另一方面应加强思想政治工作和后勤保障工作，激发全体员工的生产积极性和创造性，提高出勤率；改善劳动组织，加强生产的专业化和分工协作；搞好职工培训，不断提高业务技术水平和劳动熟练程度，提高劳动效率，以达到控制职工平均工资的目的。

3. 制造费用的控制

费用按其与产品产量的关系，可分为变动费用和固定费用。凡与产品产量有直接联系，在各会计期间支出水平与产品产量成正比例变化的费用称为变动费用；凡与产品产量的增减无直接联系，在各会计期间支出水平相对稳定的费用称为固定费用。因此，制造费用的控制形式和方法，应区别情况，灵活对待。

（1）变动费用的控制。对于制造费用中的变动费用，一般应考虑产品产量增减变动的影响，核定单位产品的支出数额或百元产值费用定额，采用定额控制的方法，实行直接控制。

（2）固定费用的控制。对制造费用中的固定费用部分，一般应采用预算控制的方法，即先由财会部门会同费用发生部门，编制费用预算作为控制标准；在预算执行过程中，及时进行监督和检查，节约有奖，超支要罚，促使各部门各环节努力减少费用支出，以达到降低制造费用的目的。

第五节　销售收入与利润管理

一、销售收入管理

（一）销售收入管理概述

1. 销售收入的概念及组成

在商品经济条件下，企业生产产品的目的不是为了自己消费，而是为了对外出售。企业在一定时期因销售产品或对外提供劳务所获取的收入就是销售收入，包括产品销售收入和其他业务收入。

（1）产品销售收入。产品销售收入是企业生产经营活动的主要收入，在整个企业销售收入中占有最大比重，是销售收入管理的重点。工业企业的产品销售收入包括销售产成品、自制半成品和工业性劳务等取得的收入。产品销售收入的实现不受销售对象的限制，企业的产品销售收入除包括对企业以外的其他单位销售产品取得的收入外，还应包括对企业内部非生产部门等销售商品产品取得的收入。

（2）其他业务收入。其他业务收入是指企业从产品销售业务以外的其他销售或其他业务所取得的收入，包括材料销售、固定资产出租、包装物出租、外购商品销售、运输业务、无形资产转让、提供非工业性劳务等取得的收入。

2. 销售收入的确认

销售收入的确认是销售收入管理的重要内容，它直接影响到纳税时间的确定和利润的计算。正确确认销售收入的实现，对于处理好国家与企业的分配关系，保证国家的财政收入，正确评价企业的经营成果和经济效益，具有十分重要的意义。

根据《工业企业财务制度》的规定，企业应于产品已经发出，劳务已经提供，同时收讫价款或取得收取价款的凭据时，确认销售收入的实现。按照权责发生制原则，销售收入的实现主要有两个标志。

第一，物权的转移，即产品已经发出，劳务已经提供。

第二，货款已经收到或取得收取货款的权利，即企业已将发票账单提交对方或已向银行办妥托收手续，从而取得了收款权利。

销售退回是指企业已销产品，因质量或品种规格等不符合合同或有关规定的要求，由购买方全部或部分退回企业的事项。销售折让是指企业已销产品，因种种原因达不到规定要求，诸如发现外观破损等，经过协商，而在价格上给购买方以折让的事项。对于销售退回和销售折让，企业应及时查明原因和责任，冲减销售收入。

销售折扣，是企业为鼓励消费者或用户多购、早付款而采取的一种促销措施。销售折扣常见的有现金折扣、数量折扣、季节折扣等方式。

（1）现金折扣。现金折扣是指企业为鼓励购买者在一定期限内早日偿还货款而实行的一种减价。例如，折扣条件为"2/10，n/30"，即购买者必须在30天内付清货款，如果在10天内付清货款，可以享受货款总金额2%的优惠。

（2）数量折扣。数量折扣是指企业为鼓励购买者多买而给大量购买者的一种减价，即买得越多，价格越便宜。

（3）季节折扣。季节折扣是指生产经营季节性产品的企业给购买过季产品的购买者的一种减价。

3. 销售收入管理的意义

销售收入是企业的重要财务指标，是企业生产成果的货币表示。加强销售业务管理，及时取得销售收入，对国家和企业都具有十分重要的意义。

（1）加强销售管理，及时取得销售收入，是保证企业再生产过程顺利进行的重要条件。在社会主义市场经济条件下，企业作为自主经营、自负盈亏的经济实体，要以自己的收入补偿自己的支出。工业企业的再生产过程包括供应、生产和销售三个环节。

（2）加强销售管理，及时取得销售收入，才能满足国家建设和人民生活的需要。在社会主义市场经济条件下，企业生产的目的是为了满足社会需要，并以收抵支，取得盈利。企业将产品生产出来，还未达到此目的，只有将已经生产出来的产品及时销售出去，才能证明企业生产的产品是社会所需要的。

（3）加强销售管理，及时取得销售收入，是企业实现纯收入，完成上缴财政任务，扩大企业积累的前提。

（二）销售价格的管理

销售收入是销售数量和销售单价的乘积。在销售数量既定的前提下，销售价格是影响销售收入的决定性因素，因此，销售价格的管理是销售收入管理的重要内容。

1. 产品价格的概念

产品价格是产品价值的货币表现，它包括物化劳动转移的价值和活劳动新创造的价值。产品价值的大小取决于生产该种产品的社会必要劳动量。

产品价值从构成上看，可以分为三个部分，一是已消耗的生产资料转移的价值，用 c 表示；二是生产者为自己劳动所创造的价值，用 v 表示；三是

生产者为社会劳动所创造的价值,用 m 表示。产品价值 w 可以用下面的公式表述:

$$w = c + v + m$$

2. 工业品价格体系及构成

在高度集中的计划管理体制下,我国工业品价格主要由中央或地方的物价管理部门或企业主管部门统一制定,企业很少有定价权。自经济体制改革以来,随着商品经济的发展和企业自主权的扩大,这种高度集中的价格管理体制的弊端越来越明显地表露出来,不少产品的价格既不能反映产品的价值,又不能反映产品的供求关系,严重影响了经济体制改革的深入和社会经济的发展。

我国现行工业品价格体系,按产品在流通过程中经过的主要环节,一般分为出厂价格、批发价格和零售价格三种。

(1)出厂价格。出厂价格是生产企业出售给商业批发企业或其他企业所采用的价格,是其他价格形式的基础。

(2)批发价格。批发价格是批发企业对零售企业或大宗购买单位出售产品时所采用的价格,是确定零售价格的基础。

(3)零售价格。零售价格是零售企业向消费者或用户出售产品所采用的价格,是产品在流通过程中最后一道环节的价格。

3. 出厂价格的制定

工业品出厂价格的制定,在遵守国家物价政策的前提下,应综合考虑以下三个因素。

(1)产品价值。价格是价值的货币表现,产品价格的制定应以价值为基础,基本符合其价值。只有这样,企业在正常生产经营条件下,才能补偿生产耗费,完成上缴财政任务,满足自我积累和扩大再生产的需要。

(2)供求关系。价格围绕价值上下波动主要受供求关系的影响。当产品供不应求时,价格会上涨,刺激生产,限制消费;当产品供过于求时,价格会下跌,刺激消费,限制生产。

(3)其他因素。企业在制定产品价格时,除应考虑产品价值、供求关系这两个基本因素外，还应考虑各产品之间的比价、分销渠道、消费者心理，以及质量差价、季节差价、环节差价等因素，使产品价格趋于合理。

工业品出厂价格的定价方法多种多样，常见的有以下三种。

（1）成本外加法。成本外加法是指以产品成本费用为基础，再加上一定的销售税金和利润，以此确定产品出厂价格的方法。其计算公式为：

出厂价格＝单位产品成本费用＋单位产品利润＋单位产品销售税金

（2）反向定价法。反向定价法又称销价倒扣法，它是以零售价格为基础，以为批零差价、进批差价为依据，反向计算产品出厂价格的一种方法。其计算公式为：

批发价格＝零售价格×（1－批零差率）

出厂价格＝批发价格×（1－进批差率）

（3）心理定价法。心理定价法是指根据消费者和用户购买产品时心理状态来确定产品价格的方法，如某些名牌产品的定价可以远远高于其他同类产品。这样既满足了消费者追求名牌的心理需要，又可以使企业增加盈利。

产品价格的制定，除上述四种方法外，还有创利额定价法、比较定价法、取消定价法等。总之，随着社会主义市场经济的进一步发展，企业定价权的扩大，企业应遵循价值规律的要求，综合考虑各方面的因素，选择恰当的定价方法，制定出合理的产品价格，以达到扩大销售、增加盈利的目的。

（三）销售收入的管理

1. 产品销售预测

产品销售预测是指企业根据销售情况，结合对市场未来需求的调查，运用科学的方法，对未来时期产品的销售量和销售收入所进行的测算和推断。

产品销售预测的方法很多，大致可归纳为经验判断法和数学分析法两类。

经验判断法是指利用人们的实践经验，通过分析判断，从而对企业未来的销售发展趋势进行预测的方法。常见的有专家调查法、集合意见法、调查分析法等。

数学分析法是根据企业销售的历史资料，通过运用一定的数学方法，对企业未来的销售发展趋势进行预测的方法。常见的有时间序列法、回归分析法、量本利分析法等。

（1）时间序列法。时间序列法是指按照时间顺序，通过对过去几期销售数据的计算分析，确定未来时期销售预测值的方法，包括简单平均法、移动平均法、指数平滑法等。

第一，简单平均法。简单平均法是指将企业过去几期的实际销售数据之和除以期数而求得预测值的方法。

第二，加权平均法。加权平均法是指根据各期实际销售量对销售预测值的影响程度，分别给予不同的权数，然后求出加权平均数，并以此作为销售预测值的方法。

第三，移动平均法。移动平均法是指从销售时间序列数据中选取一组数据求其平均值，逐步移动，以接近预测期的平均值为基数，考虑发展趋势加以修正，从而确定销售预测值的方法。

（2）回归分析法。回归分析法是指根据销售变动趋势，建立回归方程，通过解回归方程求得销售预测值的方法。此法适用于销售量直线上升的企业。

（3）量本利分析法。量本利分析法是指利用销售量、成本与利润三者的内在联系，在已知产品成本的前提下，根据目标利润的要求来预测销售量的方法。

2. 销售收入的日常管理

（1）按需组织生产，做好广告宣传工作。企业的产品，只有符合社会需要，质量上乘，品种规格齐全，价格合理，受广大消费者和用户欢迎，才能销售出去，迅速实现销售收入。

（2）加强销售合同管理，认真签订和执行销售合同。经济合同是法人之间为实现一定经济目的，明确相互权利和义务而订立的协议。企业现今的产品销售，大都是通过销售合同来实现的。首先，企业要根据生产情况及时与购买单位签订销售合同，明确规定销售产品的品种、数量、规格、价格、交货日期、交货地点、结算方式以及违约责任。其次，加强库存产品的保管，及时按合同要求进行选配、包装，搞好发运工作。

（3）做好结算工作，及时收回货款。产品销售包括两层含义：一是向购买者发出产品；二是向购买者收取货款。有鉴于此，企业既应重视产品的发出，更应关心货款的收回。首先，企业应从既要有利于销售产品，又要有利于及时收回货款的原则出发，正确选择结算方式。其次，在托收承付结算方式下，企业发货后应尽快从有关部门取得发货和运输凭证，向银行办妥托收手续、监察督促购货单位按期付款。最后，对逾期未收回的账款，应及时查明原因，分别情况妥善处理。

（4）做好售后服务工作，为今后进一步扩大销售奠定基础。企业应树立对消费者和用户负责的观念，在产品售出后，做好售后服务工作。例如，为消费者和用户免费安装调试产品，提供配件、备件，建立维修网络，坚持上门服务，及时检修和排除故障，以及采取包修、包退、包换等措施。

二、利润管理概述

（一）利润的构成

利润是指企业在一定会计期间的经营成果，包括营业利润、利润总额和净利润。它是衡量企业生产经营管理水平的重要综合指标。利润总额若为正数，则表示盈利；若为负数，则表示亏损。

$$利润总额 = 营业利润 + 投资收益 + 补贴收入$$
$$+ 营业外收入 - 营业外支出$$

1. 营业利润

营业利润是指主营业务收入减去主营业务成本和主营业务税金及附加，加上其他业务利润，减去营业费用、管理费用和财务费用等项目后的金额。

$$营业利润 = 主营业务利润 + 其他业务利润 - 营业费用$$
$$- 管理费用 - 财务费用$$

其中：

主营业务利润 = 主营业务收入 − 主营业务成本 − 主营业务税金及附加

其他业务利润 = 其他业务收入 − 其他业务支出

2. 投资收益

投资收益包括对外投资分得的利润、股利和债券利息，投资到期收回或者中途转让取得款项高于账面价值的差额，以及按照权益法核算的股权投资在被投资单位增加的净资产中所拥有的数额等。

3. 补贴收入

补贴收入是指企业按规定实际收到的返还的增值税，或按销量、工作量等依据国家规定的补助定额计算并按期给予的定额补贴，以及属于国家财政扶持的领域而给予的其他形式的补贴。

4. 营业外收入与营业外支出

企业的营业外收入和营业外支出是指企业发生的，与其生产经营活动无直接关系的各项收入和各项支出。

（1）营业外收入。企业营业外收入是指与企业销售收入相对应的，虽与企业生产经营活动没有直接因果关系，但与企业又有一定联系的收入。

第一，固定资产的盘盈和出售净收益。盘盈的固定资产的净收益是按照原价扣减估计折旧后的余额；出售固定资产净收益是指转让或者变卖固定资产所取得的价款减去清理费用后的数额与固定资产账面净值的差额。

第二，罚款收入。它是指企业取得的对对方违反国家有关行政管理的法规，按照规定收取的罚款。

第三，因债权人原因确实无法支付的应付款项。这主要是指因债权人单位变更登记或撤销等无法支付的应付款项。

第四，教育费附加返还款。它是指自办职工子弟学校的企业，在缴纳教育费附加后，教育部门返还给企业的所办学校经费补贴数。

（2）营业外支出。营业外支出包括：固定资产盘亏、报废、毁损和出售的净损失，非季节性和非修理期间的停工损失，职工子弟学校经费和技工学校经费，非常损失，公益救济性捐赠，赔偿金，违约金等。

第一，固定资产盘亏、报废、毁损和出售的净损失。固定资产盘亏、毁损是指按照原价扣除累计折旧、过失人及保险公司赔款后的差额；固定资产报废是指清理报废的变价收入减去清理费用后与账面净值的差额。

第二，非季节性和非修理期间的停工损失。它是指相对于季节性和修理期间的停工损失计入制造费用，非季节性和非大修理期间的停工损失计入营业外支出。

第三，职工子弟学校经费和技工学校经费。职工子弟学校经费是指企业按照国家规定自办的职工子弟学校支出大于收入的差额；技工学校经费是指根据国家规定，发生的自办技工学校的经费支出。

第四，非常损失。它是指自然灾害造成的各项资产净损失，还包括由此造成的停工损失和善后清理费用。

第五，公益救济性捐赠。它是指国内重大救灾或慈善事业的救济性捐赠支出。

第六，赔偿金、违约金。它是指企业因未履行有关合同、协议而向其他单位支付的赔偿金、违约金、罚息等罚款性支出。

5. 净利润

净利润又称税后利润，是指企业利润总额减去所得税后的金额。其计算公式如下：

$$净利润 = 利润总额 - 所得税$$

（二）增加利润的途径

从利润总额构成可以看出，企业利润是销售量、单价、单位成本、期间费用和营业外收入等多个因素综合作用的结果。因此，增加利润的主要途径如下。

1. 增加产量，提高质量，不断扩大销售

这是增加利润的根本途径。企业通过增加产量，提高产品质量，多生产适销对路的产品，充分地进行市场预测，扩大销售收入。

2. 挖掘潜力，降低成本

这是增加利润的重要途径。在扩大销售收入的前提下，成本费用的多少便是利润多少的决定因素。它们之间存在着此消彼长的关系。成本费用开支越大，利润越少；反之，成本费用开支越少，利润越多。

3. 合理运用资金，加速资金周转

这是增加利润的又一重要途径。合理运用资金，使各种资金占有形态保持恰当的比例关系，加速资金周转。

（三）利润管理的要求

1. 实行利润目标分管责任制，保证目标利润完成

利润是通过各项经营活动和对资金、费用以及其他损益项目的管理取得的。所以，对利润的管理实际上要对企业实行全面的质量管理，力求做到投入少、产出多。

通常的做法是将企业计划利润作为一个总目标，由主目标产生分目标，按组织层次层层展开，形成一个目标网络。为了完成企业的总目标，在企业内部各部门、各层次都设立部门目标或个人目标，由若干部门目标支持总目标，若干个下级目标或个人目标支持一个部门目标。

2. 正确处理财务关系，合理进行利润分配

企业采取各项扭亏增盈的措施，必须严格执行国家有关财经法规。应当正确结转、分摊或预提费用，正确计算营业外收支，正确计算和结转产品生产成本和各种期间费用，如实反映企业财务状况，以确保企业财务结果的真实性。

（四）利润规划

利润规划是企业为实现目标利润而综合调整其经营活动规模和水平，它是企业编制期间预算的基础。利润规划要把企业继续存在和发展及实现目标利润所需的资金、可能取得的收益，以及未来要发生的成本和费用这三者紧密联系起来。

1. 本量利分析

本量利分析，亦称 CPV 分析，是指对成本、数量、利润相互关系的分析。它是在成本划分为变动成本和固定成本的基础上发展起来的，是企业财务计

划和控制最主要的基础工具。

（1）成本性态分析。本量利相互关系的研究，以成本和数量的关系为基础，它们通常被称为成本性态研究。所谓成本性态，是指成本总额对业务量总数的依存关系，也被称为成本习性、成本特性等。业务量是企业生产经营活动水平的标志量，既可以是产出量，也可以是投入量；既可以是实物量、时间量，也可以是货币量，如产品产量、人工工时、销售量、材料消耗量、生产能力利用百分数、工人工资、机器运转时数、运输吨公里等。混合成本进而又可以分为固定成本和变动成本。

成本性态可通过高低点法、散布图法、回归直线法、工业工程法、契约检查法和账户分析法等方法，建立成本与业务量关系的直线方程式进行分析：

$$Y = a + bx$$

式中：Y—成本总额；

a—固定成本；

b—单位变动成本；

x—业务量；

bx—总变动成本。

第一，高低点法。高低点法是根据历史资料中最高业务量、最低业务量时期的总成本之差（用 Δy 表示），与两者业务量之差（用 Δx 表示）进行对比，推算出单位业务量的变动成本 b，然后再根据总成本和单位变动成本确定固定成本，即：

$$\Delta y = b\Delta x$$

$$b = \Delta y \div \Delta x$$

用求出的 b 值代入最高业务量（用 H 表示）或最低业务量（用 L 表示）的总成本，便可求出 a：

$$a = y(H) - bx(H)$$

$$a = y(L) - bx(L)$$

第二，散布图法。散布图法是根据若干期历史资料，绘制各期成本点散布图，按目测所得成本变动趋势在图上画出成本直线，直线的截距即固定成本，然后在直线上任取一点，据以计算单位变动成本。

第三，回归直线法。回归直线法是根据一系列历史成本资料，用数学上的最小平方法原理，计算能代表平均水平的直线截距和斜率，以其作为固定成本和单位变动成本。

（2）本量利数学表达之一——损益方程式。

第一，基本的损益方程式。

由于：

$$利润 = 销售收入 - 总成本$$

$$销售收入 = 单价 \times 销量$$

$$总成本 = 变动成本 + 固定成本 = 单位变动成本 \times 产量 + 固定成本$$

假设产量和销量相同，则有：

$$利润 = 单价 \times 销量 - 单位变动成本 \times 销量 - 固定成本$$

上式就是明确表达本量利之间数量关系的基本损益方程式，如果已知其中4个变量，则可求出另一个未知量的值。

第二，损益方程式的变换形式。基本的损益方程式把"利润"放在等号的左边，其他的变量放在等号的右边，这种形式便于预期利润。损益方程式的变换形式是利润等于零时的销售量，即：

$$单价 \times 销量 - 单位变动成本 \times 销量 - 固定成本 = 0$$

$$销量 = 固定成本 \div (单价 - 单位变动成本)$$

2. 各因素变动分析

因素变动分析主要研究两个问题：一是产销量、成本和价格发生变动时，测定其对利润的影响；二是目标利润发生变动时，分析实现目标利润所需要的产销量、收入和支出。如果说，盈亏临界分析主要研究利润为零的特殊经营状态的有关问题，那么，变动分析则主要研究利润不为零的一般经营状态的有关问题。

（1）分析有关因素变动对利润的影响。在决定任何生产经营问题时，都应事先分析拟采取的行动对利润的影响。一般情况下，企业遇到下列三种情况时，常要测定利润的变化。

①外界因素发生变化，如单位变动成本、价格、固定成本或销量等。

②由于企业拟采取某项行动，将使有关因素发生变动。

③由于外界因素变化或企业拟采取某项行动，使有关的因素发生相互关联的影响。

（2）分析实现目标利润的有关条件。企业可以采取单项措施以实现目标利润，例如减少固定成本、变动成本，提高售价、增加产销量等，然而在现实生活中，影响利润的因素是相互关联的。

三、利润分配管理

利润分配是指企业实现的利润总额经调整后，按照有关规定上缴所得税，提取盈余公积金、公益金，向投资者分配利润等活动。企业利润是生产者剩余劳动所创造产品价值的一部分，利润分配的实质就是利用货币形式对这部分产品进行分配。利润分配是一项政策性很强的工作，必须按照国家制定的有关法规、制度进行，兼顾国家、企业、投资者和职工各方面的经济利益。

利润分配制度作为财务管理体制的重要组成部分，随着财务管理体制的调整变化，在我国经历了一个曲折的演变过程。利润分配制度的长期改革与实践证明：无论是以利代税、以税代利还是利税承包等，任何形式的税利合一，都存在着种种弊端，不符合政企分开、经营权和所有权相分离的原则，"税利分流，税前还贷，按资分红"才是利润分配制度改革发展的方向。

（一）利润分配的一般程序

1. 亏损的管理

企业一定时期的收入如果抵补不了支出，其差额表现为亏损。企业的亏损按性质不同可分为政策性亏损和经营性亏损两种。

（1）政策性亏损。政策性亏损是指企业因执行国家有关政策而发生的亏损。对于政策性亏损，经财政部门核定后，可实行定额补贴或亏损包干等办法，促使企业增产节约，增收节支，努力减少亏损。

（2）经营性亏损。经营性亏损是指企业因经营不善，管理混乱而造成的亏损。对于经营性亏损，原则上应由企业自行解决。

2. 税后利润分配的管理

企业实现的利润总额，按照国家有关规定作相应调整后即为应纳税所得额，应纳税所得额乘以适用税率即为应纳所得税额，企业应依法缴纳所得税。除国家另有规定外，税后利润按下列顺序进行分配。

（1）被没收的财物损失，违反税法规定支付的滞纳金和罚款。

（2）弥补企业以前年度亏损。

（3）提取法定盈余公积金。法定盈余公积金按照税后利润扣除前两项后的 10% 提取，盈余公积金已达注册资金 50% 时可不再提取。

（4）提取公益金。

（5）向投资者分配利润。企业以前年度未分配的利润，可以并入本年度向投资者分配。

对税后利润分配进行管理，应注意以下三个问题。

第一，企业以前年度亏损未弥补完，不得提取盈余公积金、公益金。

盈余公积金是指企业从税后利润中形成的公积金，包括法定盈余公积金和任意盈余公积金。法定盈余公积金是企业按照国家的有关规定，从税后利润中按规定比例提取的公积金。任意盈余公积金是根据公司章程及股东会的决议，从公司盈余中提取的公积金。

第二，在提取盈余公积金、公益金之后，方能向投资者分配利润。

企业可供向投资者分配的利润由两部分组成：一是企业税后利润在按上述顺序分配后的剩余部分；二是企业以前年度未分配的利润。

第三，股份有限公司利润分配的特殊性。

股份有限公司税后利润在提取法定盈余公积金和公益金后，根据财务制度的规定，剩余利润按照下列顺序进行分配。

（1）支付优先股股利。

（2）提取任意盈余公积金。任意盈余公积金按照公司章程或者股东大会决议提取和使用。

（3）支付普通股股利。

上述规定表明：任意盈余公积金的提取，是在分配优先股股利之后，但在分配普通股股利之前；向投资者分配利润时，先向优先股股东分配，有剩余再向普通股股东分配。

（二）股利政策

股息和红利简称股利，它是股份公司从税后利润中分配给股东的部分，是股份公司对股东投入资本的一种回报。股利政策是指股份公司在确定股利及相关事项时所采取的方针和策略，它通常包括股利支付比率、股利支付方式、股利支付程序等内容。

1. 影响股利政策的因素

制定合理的股利政策，是股份公司利润分配管理的重要内容，也是一项难度较大的工作。股利政策是否合理，关系到企业的市场价值、再筹资能力以及将来的发展。影响股利政策的因素归纳起来主要有以下三个方面。

（1）法律因素。法律因素是指国家有关法律、法规中关于股利分配的规定。概括起来主要体现在以下两个方面。

资本保全要求。为了保护投资者的利益，要求支付股利的资金只能是公司的当期利润或保留盈余，即不能因为支付股利而减少资本总额。

资本积累要求。企业在股利分配时，要求遵循积累优先的原则，必须先按一定的比例和基数提取各种公积金。

（2）股东因素。股利政策由于最终须经董事会决定并由股东大会审议通过，所以企业股东的意见和要求也是影响股利政策的重要因素。

控制权的稀释。在控制权为少数股东所掌握的公司，如果股利支付比率过高，留存收益将相应减少，公司将来要发展势必会通过增发股票来筹集资金，从而可能导致控制权稀释或旁落他人。

（3）公司因素。公司因素是指企业的经营情况和财务状况等因素。

偿债要求。企业对外负债时，债权人为了降低债务风险，往往在贷款合同或企业债券上规定了企业支付股利的一些限制性条款。例如规定每股股利的最高限额；规定企业的某些财务指标如流动比率、利息保障倍数等达到安全标准才能支付股利；规定必须建立偿债基金后方能支付股利等。

借债能力。如果企业借债能力强，在较短时间内就能筹措到所需的货币资金，即可采用高股利政策；反之，则应采用低股利政策。

资产的流动性。如果企业拥有大量的现金和流动资产，流动性较强，可以采用高股利政策；反之，则应采用低股利政策以降低财务风险。

资本成本。资本成本的高低是企业选择筹资方式的重要依据。与发行股票、债券和银行借款等筹资方式相比较，利用留存收益筹资具有资本成本低、隐蔽性强等优点。

2. 股利政策的确定

合理确定股利政策，就是在综合考虑上述影响因素的基础上，在各种类型的股利政策中作出正确的选择。股份公司采用的股利政策通常有以下四种类型。

（1）固定股利政策。在该种政策下，不论企业经营情况的好坏，将每期支付的股利固定不变，只有当预期未来盈余会显著不可逆转地增长时，才提高每期股利的支付额。企业采用该政策的主要目的是为了避免出现因经营不善而削减股利，树立良好的财务形象。

（2）固定股利支付率政策。该政策亦称变动的股利政策，即企业每年按固定的比例从税后利润中支付股利。由于企业在各年间的利润是变动的，因而股利额也随之发生增减变动，这样就可以使股利的支付与企业盈利密切配合，体现多盈多分，少盈少分，不盈不分的原则。

（3）正常股利加额外股利政策。在该种政策下，企业除按固定数额向股东支付正常股利外，当企业盈利有较大幅度增加时，还需向股东增发一定数额的股利。

（4）剩余股利政策。在该种政策下，企业如果有盈利，首先应考虑满足投资需要，只有在满足投资需要后有剩余，才用来支付股利。

3. 股利支付形式

股利支付形式，常见的有现金股利、股票股利、财产股利，负债股利和股票重购等。根据我国《股份有限公司规范意见》的规定，股份公司支付股利可采用现金和股票两种形式。

（1）现金股利。现金股利是指用货币资金支付的股利。它是股份公司支付股利所采用的最普遍、最基本的一种形式，也是投资者最愿意接受的一种形式。企业采用现金股利形式，必须同时具备以下两个条件：要有董事会决定并经股东大会讨论批准；企业要有足够的留存收益和现金。

（2）股票股利。股票股利是指企业经股东大会批准同意，以发行新股方式支付的股利。采用股票股利形式，对于企业来讲由于不必支付现金，有利于更好地满足生产经营活动对现金的需要。对股东而言，由于股票股利不是股东的应税所得，可以享受免缴个人所得税的好处，而股东需要现金时，又可将股票售出以换取现金。

第三章 企业财务管理的程序

第一节 财务预测

一、财务预测的概念

财务预测是指利用企业过去和现在的财务活动资料，根据企业未来财务目标，结合企业未来经营战略和面临的财务管理环境，对企业未来营业收入增长及资金需求情况做出的科学推测与估计。

二、财务预测的意义

财务预测的意义和目的主要包括下述五个方面。

1. 财务预测是融资规划的基础和前提

企业要对外提供产品和服务，必须要有一定的资产。营业收入增加的同时，也会带来流动资产和固定资产的增加。为取得扩大销售所需增加的资产，企业要通过内源融资和外源融资来筹措资金。企业融资往往需要较长时间，这就要求预先明确财务需求是什么，以便提前安排融资计划，财务预测所确定的预期营业收入增长率、盈利能力等相关财务指标是进行财务规划进而满足融资需求的基础和前提。

2. 财务预测有助于改善投资决策

根据营业收入增长前景估计出的融资需要不一定总能得到满足，因此，就需要根据可能筹措到的资金以及有关的投资项目来安排营业收入增长，使投资决策建立在可行的基础上。

3. 财务预测有助于评价企业价值的实现程度

通过财务预测可以估计企业未来发展能否实现企业总体价值目标，有助于股东或利益相关者确定对企业未来的预期。

4. 财务预测可以增强财务活动的可行性和一致性

除了创造企业价值这个总目标外，企业还有一系列具体的目标，例如市场份额、财务杠杆、权益报酬率等，这些不同目标之间的联系很难看出来，财务预测和随之而来的财务规划采用统一的结构来协调这些不同的目标，把它们紧密联系起来，增强了可行性和一致性。

5. 财务预测有助于应变

财务预测面对未来，是超前思考的过程，不可能十分准确。但是财务预测给人们展现了未来的前景，促使人们制订应变计划，提高对不确定事件的反应能力，从而减少不利事件出现带来的损失，增加利用有利机会带来的收益。

三、财务预测的方法

财务预测是对企业未来营业收入增长及资金需求情况做出的推测与估计，为企业决策提供依据，这就需要科学和严谨的方法与程序。

财务预测的方法有定性预测法和定量预测法两大类。

（一）定性预测法

定性预测法，又称判断预测法。它是由企业组织一些业务熟悉，并有一定理论知识和综合判断能力的专家和专业人员，利用相关资料，依靠个人经验的主观判断和综合分析能力，对未来状况和趋势做出预测的一种方法。

1. 意见汇集法

意见汇集法是由企业财务预测人员根据事先拟定好的预测提纲，对相关管理人员、专家和业务人员展开调查，广泛征求意见，然后把各方面的意见进行整理、归纳、分析、判断，最后做出预测结论。

该方法能广泛收集专业人员的意见，集思广益，并且耗时和耗费都比较少，运用灵活。但预测结果易受个人主观判断的影响，对一个问题可能产生多种不一致的观点，难以得出令人信服的结论。

2. 专家小组法

专家小组法是由企业组织有关方面的专家组成预测小组，通过召开座谈会的形式，进行充分、广泛的调查研究和讨论，然后根据专家小组的集体研究成果做出最后的预测判断。该方法由专家小组成员面对面地进行集体讨论和研究，可以相互启发、印证和补充，使对预测问题的分析和研究更充分、全面和深入，避免各专家因信息资料不能共享而使预测带有片面性。

3. 德尔菲法

德尔菲法又称专家调查法，主要是采用通讯方法，通过向有关专家发出预测问题调查表的方式来搜集和征求专家们的意见，之后将各专家的意见多次综合、整理、归纳，做出预测判断。

该方法既让各个专家可以各抒己见，又可以集思广益，取长补短。对专家意见进行综合分析，有助于克服预测中的片面性。但该方法占用时间较多，速度较慢。

（二）定量预测法

定量预测法是指借助于一定的数学方法对企业财务发展趋势、未来财务状况和财务成果做出数量分析的预测方法。财务预测中的定量预测方法主要有营业收入百分比法、回归分析法等。

1. 营业收入百分比法

营业收入百分比法是根据营业收入与资产负债表和利润表项目之间的相关关系，假设企业营业收入与部分成本、费用、资产和负债之间存在稳定的比例关系，根据预测出的营业收入就可以对预测期的资产负债表、利润表项目进行预测的方法。

营业收入百分比法有三个主要特点：一是成本、费用、资产和负债随营业收入的增长而同比例放大，二是总体和单项的资产周转率都不变，三是资产结构保持不变。基于以上三个特点，通过营业收入百分比法，已知预测期营业收入的增长率，就可以根据比例关系预测成本、费用、资产和负债的数值，进而计算企业未来的资金需要量，为企业资金筹措提供了参考依据。该方法操作简单，通俗易懂，但也存在局限性。由于没有考虑各项资产对当期营业收入贡献的差异性，按同比例增长的方法与实际情况可能产生较大的误差，因此，在实际操作中，还需要参考其他因素的影响做出适当的调整。

2. 回归分析法

回归分析法是利用一系列历史资料求得资金需求量和营业收入的函数关系，在已知预期的营业收入后，根据函数关系预测资金需求量的方法。

回归分析法需要根据资金习性对资金进行划分。资金习性，是资金需要量和业务量之间的依存关系。一般地，资金需求量会随着业务量变化而变化。按照资金需求量和业务量之间的依存关系，可以把所有资金分为不变资金和变动资金。不变资金是指在一定的相关范围内，不受业务量变动的影响而保持固定不变的那部分资金；可变资金是指随业务量的变动而呈正比例变动的那部分资金。回归分析法可以建立总资金需求模型，即按营业收入与占用资金总额的历史资料进行回归，得出总资金需求函数。

回归分析法也可以分别建立各项资产、负债项目和营业收入的函数关系，即分别按营业收入与各项资产、负债与历史资料进行回归，得出各自的资金需求函数。然后根据预测的营业收入，分别完成各项资产、负债项目的预测，后面的计算步骤与营业收入百分比法相同。

由于回归分析法利用一系列的历史资料和回归技术进行预测，预测结果较为准确。一般地，历史资料跨期越长越准确，在没有足够历史资料的情况下，难以实施。

四、财务预测的程序

财务预测是进行财务规划的前提，财务预测将预期市场目标转化为预期财务目标，并进一步转化为预期资产需求和融资需求目标，从而进行财务规划。一般情况下，财务预测之前先要制定市场战略，然后经过预测收入，预测资产需求、融资需求的过程。根据财务预测到财务规划的两次目标转化过程，财务预测的一般程序如下。

（一）预测营业收入

营业收入预测是财务预测的起点，是资产需求、成本费用、融资需求等一系列预测的基础。营业收入预测完成后才能开始财务预测，一般情况下，财务预测是把营业收入数据视为已知数，作为财务预测的起点。

预测营业收入时需要分析过去及现在财务报表显示的业绩状况，并根据经营战略判断企业的发展状况，研究产品结构和市场结构等。可以采用回归分析法和产品结构法进行预测，回归分析法主要利用历史数据，寻求营业收入与年度之间的函数关系，然后根据函数关系预测营业收入。

营业收入预测对财务预测的质量有重大影响。如果销售的实际状况超出预测很多，企业没有准备足够的资金添置设备或储备存货，则无法满足顾客需要，不仅会失去盈利机会，还会丧失原有的市场份额。相反，当企业筹集了大量资金购买设备并储备存货，但没有实现预期销售时，则会造成设备闲置和存货积压。

（二）预计各项资产和自发增长的经营负债

一般来说，资产与营业收入之间存在一定的数量对应关系，用营业收入百分比法或回归分析法可以把这种对应关系用函数表示出来。根据预测期的营业收入和函数就可以预计各项资产的数额。负债项目的预测与资产同理，由于大部分的流动负债项目是经营活动自发增长的，预测期营业收入必然要占用一定的经营负债，用营业收入百分比法或回归分析法可以把这种数量对应关系表示出来，从而对经营负债进行预测。这种自发增长的经营负债可以抵减预测期的一部分融资需求。

（三）预计各项费用和增加的保留盈余

营业收入百分比法假设营业费用、管理费用等利润表项目与营业收入也存在稳定的比例关系，这样可以根据预测的营业收入估计费用、支出和损失，并在此基础上确定净收益。净收益和股利支付率共同决定保留盈余所能提供的资金数额。

第二节 财务决策

一、财务决策概述

决策理论（theory of decision making/decision theory）是把第二次世界大战以后发展起来的系统理论、运筹学、计算机科学等综合运用于管理决策问题，形成的一门有关决策过程、准则、类型及方法的较完整的理论体系。

决策理论广泛应用于管理、经济领域，于是就出现了管理决策、经济决策的相关概念。其中财务决策便是决策理论在财务管理活动中的具体应用。

（一）财务决策的概念

财务决策是对财务方案、财务政策进行选择和决定的过程。财务决策的目的在于确定最为令人满意的财务方案。只有确定了效果好并切实可行的方案，财务活动才能取得好的效益，完成企业价值最大化的财务管理目标。财务决策需要有财务决策的基础与前提，财务决策是对财务预测结果的分析与选择、财务决策是一种多标准的综合决策，决定方案取舍的、既有货币化、可计量的经济标准，又有非货币化的非经济标准，因此决策方案往往是多种因素综合平衡的结果。

决策在我们当今社会中无所不在，大到国家，小到个人，都离不开决策。例如，日常生活决策、工作决策、企业经营决策、国家发展决策等。而财务决策对企业来说也是无所不在的，例如，财务管理中的订货决策、资本结构决策、产品定价决策、成本决策、投资决策、销售决策、采购决策、生产决策、赊销决策、目标销售量决策、新产品开发决策、风险投资决策、兼并收购决策、广告支出决策，品牌投资决策等。

（二）财务决策的类型

财务决策按照能否程序化，可以分为程序化财务决策和非程序化财务决策。程序化财务决策指对不断重复出现的例行财务活动所作的决策，非程序化财务决策是指对不重复出现、具有独特性的非例行财务活动所作的决策。

财务决策按照决策所涉及的时间长短，可分为长期财务决策和短期财务决策：前者指所涉及时间超过一年的财务决策，后者指所涉及时间不超过一年的财务决策。

财务决策按照决策所处的条件。可分为确定型财务决策、风险型财务决策和非确定型财务决策，前者指对未来情况完全掌握、每种方案只有一种结果的事件的决策；次者指对未来情况不完全掌握、每种方案会出现几种结果，但可按概率确定的条件的决策；后者指对未来情况完全不掌握，每种方案会出现几种结果，且其结果不能确定的事件的决策。

财务决策按照决策所涉及的内容又可以分为投资决策、筹资决策和股利分配决策。前者指资金对外投出和内部配置使用的决策，次者指有关资金筹措的决策，后者指有关利润分配的决策。

财务决策还可以分为生产决策、市场营销决策等。生产决策是指在生产领域中，对生产什么、生产多少以及如何生产等几个方面的问题做出的决策，具体包括剩余生产能力如何运用、亏损产品如何处理、产品是否进一步加工和生产批量的确定等。市场营销决策是指企业为引导商品或劳务从生产者到达消费者或使用者而进行的决策活动。市场营销决策是企业市场营销中的核心问题，它必须建立在充分的市场调查和市场预测的基础之上。

也可以针对新产品，这往往涉及企业的竞争策略，管理会计提供的决策支持信息也主要是新产品的生产成本；而短期财务决策中的定价决策涉及的主要是剩余生产能力情况下的特殊订货，需要通过成本、业务量和利润之间关系的分析来确定最低可以接受的价格。它要利用经济学中关于供需变化规律的研究成果，通过对成本、业务量和利润之间的依存关系分析来确定最优的价格水平，为市场竞争中的价格竞争提供决策依据。

（三）财务决策的目的

所有决策的目的都是使企业目标最优化。例如，营利企业就是利润最大化，非营利慈善组织就是令某种非定量化目标最大化。对于财务决策来说，由于决策的影响是短期的，对于战略的因素考虑较少。

（四）财务决策过程中的障碍

如同企业管理决策中的其他决策一样，在企业财务决策过程中也会碰到一些障碍，通常可将财务决策过程中的障碍分为主观障碍和客观障碍两大类。

1. 财务决策过程中的主观障碍

财务决策过程中的主观障碍是指由决策者在决策过程中的不良心理效应而造成的障碍。因此，决策的主观障碍亦可称为决策的心理障碍。此类障碍具体有以下八种。

（1）完形心理障碍。所谓完形心理即人们总是自觉或不自觉地追求完整或完美的一种心理。按"格式塔"心理学派的解释，人们的心理现象总是表现为结构性、整体性，而心理组织也具有"良好完形原则"。完形心理的积极效用不言而喻，但现实生活中的"完整"或"完美"往往既不现实也无必要。

（2）定式心理障碍。定式是人们从事某项活动时的一种预先准备的心理状态，它能影响后继的心理活动的趋势、程度、方式，其中包括知觉定式、思维定式、观念定式、情感定式、意向定式等。在决策活动中，决策者已有的心理定式的消极效用主要表现在容易使决策者的心理活动，特别是思维固化。

（3）自利人格障碍。人的态度总存在着自利倾向，总是因为自我维护的需要而不自觉地形成相应态度。应该说，自利人格具有一定的普遍性。人们的态度的形成及改变总是脱离不开自利倾向的影响，但自利人格也具有一明显的偏颇性，在自利倾向的影响下，个体态度的形成总是以自己的认知、情感和意向为依据，而不是以一般的事实为依据。

（4）权威人格障碍。权威人格实际上是权威意识的泛化及定型。其表现在决策中的心理障碍主要为：一方面，决策者由于权威地位而形成的封闭意识及独断人格，听不得反面意见，唯我独尊，一意孤行；另一方面，社会群体由于权威情结而形成依附意向、盲从意向。

（5）从众意向障碍。从众意向是指个体受到群体态度或行为的刺激后所表现出来的趋向。在从众的情景下，个体可能会简单地服从群体而放弃自己的意见，这是决策的心理障碍之一。另外在从众意向的支配下，也容易产生所谓的"冒险转移"，因为在群体决策中，人们敢冒决策风险的水平远远高于个人决策冒险的平均水平，表现在决策实践中，就是使决策呈现出"左"的倾向，显然是有碍科学化决策的。

（6）情绪意向障碍。决策活动伴随一定的情绪是经常的甚至是合理的，但由于情绪泛化会冲击人们的理性结构，导致非理性决策，因此，过多过度的情绪也是决策的心理障碍之一。

（7）逆反情结障碍。逆反情结也称逆反心理，是个体由于刺激物的消极特征而诱发的非常规性质的逆向反应。

（8）拜物情结障碍。拜物情结是指在决策活动中重视物的因素而忽略人的因素，特别是忽略对人的心理状态及心理特征的分析。

2. 主观障碍的解决对策

决策中的主观障碍即心理障碍源于决策主体不良的心理效应，所以其解决对策主要集中在矫正决策者各种心理障碍下，具体做法有以下四方面。

（1）培养决策者的整体性思维。培养决策者的整体性思维可以有效矫正完形心理障碍。决策中的整体性思维要求决策者总揽全局、统筹兼顾、抓住问题的主要矛盾和矛盾的主要方面。科学的决策应当把全局作为考虑问题、分析问题和作出决策的出发点和归宿，要注意研究事物的结构，通过优化结构来提高全局的整体功能，要把注意力的重心放在对全局有决定意义的问题和动作上。

（2）培养决策者的自我否定意识。培养决策者的自我否定意识是矫正定势心理的有效方法。只有使决策者时刻保持自我否定意识，才能使其在决策不局限于已有的经验、习惯和观念，与时俱进。

（3）提升决策者的职业道德素质。从众意向、情绪意向、权威人格、自利人格及逆反情结障碍出现的根本原因是决策者职业道德素质不高，所以矫正这几种心理障碍只能从源头入手，逐步提高决策者的职业道德素质。只有决策者有较高的职业道德素养，才能本着对工作、对组织负责的态度，实事求是地进行决策，既敢于坚持正确意见，同时也善于接受正确的意见；才能不为其本人和本部门利益所诱惑，破除自利倾向；才能不为决策时的情绪所困，使决策客观地进行。

（4）强化决策者的人本主义意识。强化决策者的人本主义意识是矫正拜物情结的有效方法。只有强化人本主义意识，才能在决策过程中充分尊重人、理解人、关心人，以人为本，多进行对组织成员的心理分析，发挥人员的积极性，而不仅仅拘泥于决策的"物质"层面，进而矫正决策过程中的拜物情结。

3. 财务决策过程中的客观障碍

财务决策过程中的客观障碍是指由于组织所处环境的复杂多变性、人的认识能力和计算能力的有限性，使得财务决策者不可能无所不知，进而在决策过程中形成的障碍。其具体有以下四种类型。

（1）决策者知识有限性障碍。找出所有可供选择的行动方案，了解每一个备选方案在未来的实施后果，是以决策者拥有完全的知识为前提的。然而，由于时间和精力的限制、认识能力的限制和信息收集所需成本的限制，对于环境中的不同因素对组织活动的影响方面、影响方式、影响程度，决策者不可能有完全的了解。

（2）决策者预见能力有限性障碍。任何决策方案的有效实施都需要决策者正确地描述未来的环境状况。然而，决策者不仅知识有限，而且，对于这些有限的知识，其认识、利用的能力也是有限的。这种利用能力的限制决定了他们对未来的预测不可能是完全准确的，他们所预测的未来环境与未来发生变化后的环境状况不可能完全相符，从而影响对不同方案未来实施效果的评价，在决策过程中形成障碍。

（3）决策者设计能力有限性障碍。在一定时间内，决策者能够考虑到的行动范围、能够设计出的备选方案的数量，也是有限的，组织的规模越大，面对的环境就越宽泛，存在的行动场所就越广阔，能够设计的行动方案相对于可能存在的行动机会也就越有限，给合理性决策造成障碍的可能就越大。

（4）决策者信息处理能力有限性障碍。决策者作为独特的个体，其信息处理能力相对于决策过程中所需要处理的问题，从客观上来说是有限的，必然会造成决策的障碍。科学研究证实：在短时间的记忆中，大多数人仅能维持七条左右的信息。

4. 客观障碍的解决对策

决策中的客观障碍源于决策者对客观世界认识的理性限制，是决策实践中的客观实在，所以人们不可能完全消除这种影响，决策者能做的只是努力减弱人类理性有限性的消极影响，使组织的决策尽可能逼近"合理"的标准，具体做法有以下三方面。

（1）合理地分配决策权力。合理地分配决策权力即把适当的决策任务交给与需要解决的问题直接相关的人去制定。组织内部的不同成员，在公司的岗位和层次上从事着不同的活动，这些不同活动中的决策，要求掌握与之有关的大量信息，只有让直接从事这些活动的人去制定与他们直接有关的决策，才可以尽所能地收集决策所需的信息，促进这些决策尽可能地合理。

（2）组织专家参与决策。组织专家参与决策，组建决策"智囊团"或"思想库"，"智囊团"中集中了一大批掌握组织活动有关的各方面知识的专家，利用他们的知识帮助组织分析问题，拟定和评价方案，为决策提供依据。

（3）组织员工参与决策。组织是由员工个体所组成，让尽可能多的员工参与决策，可以利用他们对组织内部不同部门和环节的活动条件及要求的充分了解来弥补组织决策者的信息不足，使组织未来行动的设想更加丰富、备选方案数更多。及时组织员工提出各种建议还可以启发组织决策者的思路，开拓决策者的视野，了解组织中各利益集团的特征信息，从而有利于组织决策者协调组织中各利益集团的利益关系，制定出支持率较高的决策方案。

（五）财务决策人自身因素对财务决策的影响

1. 羊群效应行为对财务决策的影响

羊群行为（herd behavior），也称为从众倾向，是一种特殊的非理性行为，它是指经理人在信息环境不确定的情况下，行为受到其他经理人的影响，模仿他人决策，或者过度依赖于舆论，从不考虑信息的行为。羊群行为的发生原因：一是节约信息搜寻成本的需要。决策人时常处于繁杂的信息中，而信息的搜集、筛选是需要大量时间的，这无疑给企业造成巨大的交易成本，如何尽可能地节省成本，模仿他人的决策或者通过舆论来获得信息就成了决策人做财务决策的常用方法。二是推卸责任的需要。三是维护职业声誉的需要。我们可以这样理解，经理人自己做财务决策，项目失败了责任则全部由个人承担，如果决策人采取跟随他人的策略，可能是同行业最好的经理人或其他具有丰富经验的经理人，成功了皆大欢喜，倘若失败，自己也不至于声誉扫地。

2. 决策人恶性增资的非理性行为对财务决策的影响

恶性增资是指当决策者面对一系列负面行动后果信息时，仍然执着于先前的决策方案，继续向不利项目投入许多的资源、人力，使企业越来越深地陷入困境的一种现象。恶性增资是证实偏差影响经理人财务决策的一种表现，通常是指当向一个项目投入大量资源后发现完成该项目取得收益的可能性很小，在明确而客观的信息表明应放弃该项目的情况下，经理人仍然继续投入额外资源的现象。决策人在进行财务决策时应该根据一定的标准，例如投资收益率、市场占有率等，对投资项目进行评估，尽量根据客观标准来做出决策。

3. 过度自信对财务决策的影响

过度自信可以理解为人们在对某一现象做出判断时总是倾向于高估自己对该现象判断的准确性。人们在做出决策时，总是倾向于过高估计高概率事件发生的概率而低估低概率事件发生的概率。导致过度自信的原因：一是人们在做复杂决策时容易过分相信自己的能力，而在做简单决策时对自己能力却没有把握；二是人都有自我归因的倾向，企业的经理人本来就可以说是成功人士，加上自我归因偏差的存在，就更有过度自信的倾向；三是在企业人才的选用过程中，由于信息不对称的存在，企业无法对经理人进行全面的了解；四是治理环境，帕拉德（Parade）指出 CEO 的高收入会增强其成功感，从而导致过度自信；五是竞争选择，过度自信的经理人会低估其从事活动的风险，从而承担更多的风险，也更容易取得最好的业绩等等。

4. 经理人框架依赖对财务决策的影响

框架依赖是指情境或问题的描述和出现方式（框架）会影响人们的判断

和选择。框架依赖意味着在不确定的决策情境中，人们的判断与决策依赖于问题的表达形式，本质相同而形式不同的问题往往会导致人们做出不同的决策，产生所谓的框架效应。

二、财务决策的程序、方法与依据

（一）财务决策的程序

一个完整的财务决策程序包括六个基本步骤：第一步，明确财务决策的问题，认识问题，诊断问题所在；第二步，确认最优化的目标，即收益最大或成本最小；第三步，在目标的制约下，根据资源和机会，设计备选方案，运用各种定性和定量的方法分析各方案的影响及其能够达到的目标；第四步，比较各备选方案，选择其中最优的方案，这一最优的方案就是使目标最优化的方案；第五步，执行备选方案，按所选备选方案，进行财务决策；最后，进行方案执行后的效果评估，检验方案最后是否解决了财务决策问题，是否已实现目标。

财务决策需经如下具体步骤进行。

1. 诊断问题

在决策过程中，决策者必须知道哪里需要行动，因此决策过程的第一步是诊断问题或识别机会，而我们认为这也是决策中最关键的一步。诊断问题是决策的关键，必然有它的重要之处。当决策者面对问题需要做出决策时，必须要认清问题所在，不能盲目诊断，否则结果也许会南辕北辙。

任何企业都面临一个由小到大的问题。大了以后怎么发展，基本的路子有两条：一条是多元化，另一条是专业化。这时候，决策者就要为企业的发展做出决策。因此必须先要明确是应该多元化发展还是专业化发展。

2. 确定决策目标

确定决策目标是指确定决策所要解决的问题和达到的目的。目标的确定往往并非决策的基础与前提。在摸索选择中辨析自己的归宿与诉求，在具体的路径中揭示决策者的偏好与企图，在实际的行动中逐渐审视和明确自己的目标。这样做虽是迫不得已，却也大致上合乎情理。这样确定目标的原因主要有四种：其一，决策者无法在事前明确地知晓或者清楚地描述决策的目标；其二，决策者目标的确立取决于所出现的备选方案与路径的特点及其可行性；其三，决策者面临多种相互冲突的目标，难以清楚地排序和确定；其四，目标的明确通常是一个连续化的过程，需要在事中体会和修正以及在事后追认与确立。

明确目标后，就能够避免讨论成为"同意""反对"或"推迟"的简单表决，而做到更加精确细微。比如在中国建立特殊产品工厂，对西欧工厂进行升级，在中国建立商业产品工厂，同时逐步关闭美国工厂。

也许你已经注意到，决策团队在考虑不同的方案时，成员的第一反应通常是"什么是不能做的"。尤其是在分支机构层面，决策者首先会想每种策略的约束条件，这种约束可能真的存在，也可能纯属凭空想象。他们不仅会假定存在某种约束，而且每当讨论接近某个方案时，他们就会转移话题。

3. 设计备选方案

所谓制订方案，就是以企业所要解决的问题为目标，对收集到的情报和信息资料认真整理、分析和科学计算，并以此为依据制定出几个实现目标的方案，提交管理决策者选定。拟订方案也是一项比较复杂、要求较高的重要工作，有时还需采用试验的方法，有的要采用数学的方法，进行可靠性和可行性分析，提出每个方案的利与弊，然后才能提供备选。

目标确定之后，就要研究实现目标的途径和办法，作出实现目标的方案。下面以公关决策方案为例谈一下拟订方案，决策方案要立足于公众，搞好预测，坚持一般拟订方案的原则，重视方案的多样性。

（1）立足公众。拟订方案要先想到公众，这是必不可少的。因为方案的拟订是以目标为依据的，它是围绕目标而设想的措施和途径。目标之中已有公关的一切因素，方案的拟订自然离不开公关。方案一定要立足公众，详细制定优质服务、建立良好信誉和形象的方法、步骤。这就必须了解公众，熟悉公众需求心理及其变化趋势，并拟出对应措施，尤其要有提高内部职工素质的措施。良好信誉和形象的建立，关键是有过硬的员工。人过硬，产品才过硬。人的形象好，产品形象、企业形象才好。

（2）搞好调研。决策目标确定以后，职业经理就要围绕决策目标，积极进行有关情况的调查研究。要收集大量的信息，研究有关的背景资料、统计数字、文献综述、专题报告等。经过对大量情报和资料的严格论证，反复计算和细致推敲，明确实现目标的未来环境和条件，认清有利因素和不利因素，预测可能出现的问题，从不同角度，设想出各种各样的可行方案来。研究资料，引出方案，都不能离开决策目标，要估计方案的执行结果对目标的实现情况。同时，除研究情报资料外，还要估计人的因素以及物质基础，拟出多种方案。

（3）勇于创新。拟订方案应当遵守一些原则，例如：约束原则，即考虑各方面的条件约束；时间原则，即考虑事物发展的阶段性和对决策的时间要求；相互排斥原则，即各方案在内容上相互排斥，不相互重复，不相互包含等。但首要的原则是创新原则，因为事物是发展的，情况是变化的，任何决策目标的实施，都面临许多新问题、新情况。

（4）多元备选。办任何事情都有多种途径、多种办法。好与坏、优与劣、对与错，都是在比较中发现的。拟订方案必须多元化。最低应有一般方案、应变方案和临时方案。一般方案是从积极角度保证决策目标实现的方案。它可分为实现最理想指标方案、实现中等指标方案和实现最低指标方案。不同层次的方案，成效不同，在组织人力、物力、财力去实施方面也是不同的，付出的代价也是不一样的。除一般方案，还应有应变方案，就是情况发生变化时，有适应这种变化的各种措施。不管情况向好的方面变化还是向坏的方面变化，都要有应变方案，而且不等情况发生变化，就要事先拟订好预防情况变化的方案。有了应变措施，才能争取主动，如果发生了预计以外的情况，应变措施可使目标的实施不至于严重受挫，能迅速恢复正常运转。还有一种应变方案是临时性的。内部或外部的情况突变，事故瞬间发生，对这种中途性的变异，要有临时措施。

4. 筛选和确定最满意方案

决策过程的第四步是运用决策方法和根据决策标准对所拟订的各备选方案进行分析论证，作出综合评价，确定所拟订的各种方案的价值或恰当性，选取其中最为满意的方案。为此，管理者起码要具备评价每种方案的价值或相对优势和劣势的能力。在评估过程中，要使用预定的决策标准并仔细考虑每种方案的预期成本、收益、不确定性和风险，最后对各种方案进行排序。在此基础上，管理者就可以做出最后选择。尽管选择一个方案看起来很简单，只需要考虑全部可行方案并从中挑选一个能最好地解决问题的方案，但实际上做出选择是很困难的。由于最好的选择通常建立在仔细判断的基础上，所以管理者必须仔细考察所掌握的全部事实，并确信自己已获得足够的信息。

5. 执行备选方案

选定方案之后，紧接着的步骤是执行方案。执行方案是进行具体的计划安排，组织实施，并对计划执行过程进行控制和搜集执行结果的信息反馈，以便判断决策的正误，及时修正方案，确保决策目标的实现。管理者要明白，方案的有效执行需要有足够数量和种类的资源作保障。如果组织内部恰好存在方案执行所需要的资源，那么管理者应设法将这些资源调动起来，并注意不同种类资源的互相搭配，以保证方案的顺利执行。如果组织内部缺乏相应的资源，则应想办法寻找到所需要的资源。

执行方案（action program）是策划工作经过了客户提案阶段，可行性方案获得一致肯定后，进入立项实施阶段的方案表述。在政和民通咨询有限公司（AMIC Public Counseling Corporation）创立人魏涛先生提出的策划的三个步骤中，执行方案与前两者所不同的是，其具有非常强烈的计划性和实务性，即十分具体地交代了工作的步骤、样式，并对总体目标进行了逐一分解，是方案实施的唯一参考书。

相对于客户提案、可行性方案，执行方案把策划的重心放在了"如何高效实施"上，它既要避免内容过于理论性而不得以具体应用，又要避免形式平淡而无新意，更重要的是，它还将企业相应的考评制度、营销模式及管理章程融入其中，将方案的意义、执行的方法宣传贯彻给每一个执行人，让其产生巨大的实践价值，最终完成策划的初衷并实现其终极目标。

6. 执行后的效果评估

效果评估是对项目投资的不同方案预期成本和效果的比较，也可以是对几个条件相同、项目相同的终期既成的成本效果的比较。

效果评估的双重作用：一方面是对活动执行效果的评估，它有利于我们总结经验教训，并及时调整下一步的执行；另一方面也是对我们执行代理公司策划、执行能力的考量。活动效果评估指标实际也是衡量执行代理公司在本次执行推广中的价值指标。这不单单是对执行代理公司的一种考核，通过这样的评估，执行公司更容易发现自身在执行中存在的问题，更好地改善服务、提升自己。效果评估具有双层价值，它既可检测企业执行推广的效果，又可以考核为企业自身提供服务的执行公司，是我们必须去重视、去执行的一项工作。现阶段，绝大部分的中小型企业压根没有效果评估，大型企业的非大型推广活动也不做效果评估，大众媒体不发达的二线、三线城市没法进行效果评估。

（二）财务决策方法

财务决策的方法分为定性决策方法和定量决策方法两类。定性财务决策是通过判断事物所特有的各种因素、属性进行决策的方法，它建立在经验判断、逻辑思维和逻辑推理之上，主要特点是依靠个人经验和综合分析对比进行决策。定性决策的方法有专家会议法、德尔菲法等等。定量决策是通过分析事物各项因素、属性的数量关系进行决策的方法，主要特点是在决策的变量与目标之间建立数学模型，根据决策条件，通过比较，计算出决策结果。

1. 线性规划

线性规划是在一些线性等式或不等式的约束条件下，求解线性目标函数的最大值或最小值的方法。

2. 量本利分析法

量本利分析法又称保本分析法或盈亏平衡分析法，是通过考察产量（或销售量）、成本和利润的关系以及盈亏变化的规律来为决策提供依据的方法。

3. 决策树法

在比较和选择活动方案时，如果未来情况不止一种，管理者不知道到底哪种情况会发生，但知道每种情况发生的概率，则需采用风险型决策方法。常用的风险决策方法是决策树法。

决策树法是用树状图来描述各种方案在不同情况（或自然状态）下的收益，据此计算每种方案的期望收益，从而做出决策的方法。

（三）财务决策依据

管理人员在做出决策前必须权衡比较各个备选方案。列出各个备选方案的正反效果，确定各个备选方案的净效益，然后比较各个备选方案的净效益，选择一个效益最好的方案实施，这就是决策。效益最大或成本最低的备选方案就是管理人员应采取的方案。成本效益分析需要两方面的信息。

1. 财务信息

所谓财务信息是指与特定决策相关的能够用货币计量的因素。如在零部件是自制还是外购的决策中，自制的成本和外购的价格因其能用货币进行计量，就属于财务信息。管理会计关注的主要是定量化因素或能用货币计量之因素的成本效益分析。其基本规则是，在其他因素相同的情况下，用货币计量的效益最大或成本最低的方案就是最佳方案。

在成本效益分析时，最困难的是在所有的信息中识别出与被选方案有关的成本（即相关成本）和效益因素。在成本效益分析中，成本效益分析的方法是简单的。首先，考察所取得的全部信息并识别备选方案中与决策有关的成本和效益。其次，用表格列出所有的成本及相关的效益。最后，将效益减成本，两者之差就是某个或某系列备选方案的净效益或净成本。

2. 非财务信息

尽管管理会计主要关注的是决策方案的财务信息，但非财务信息对成本效益分析及决策的重要性绝不亚于定量因素或可用货币计量的因素。大多数备选方案中都隐含着非财务性因素，这些非财务性因素中包括决策中的人际因素，例如雇员士气、公共关系、素质，以及不能用货币确切计量的长远影响，等等。

决策是面向未来的，而未来含有许多不确定性因素，因此良好的预测是决策的基础，是决策科学化的前提。没有准确科学的预测，就不可能做出符合客观实际的科学决策。

第三节 财务控制

一、财务控制的基本内容

（一）财务控制的含义

财务控制是指企业财务管理主体根据国家的财务法规、政策，以及相关财务制度、财务预算和财务计划指标等，通过财务手段指导、衡量、约束和影响组织财务活动的各个环节、各个方面，规范企业及其内设机构与员工的行为，确保预期财务目标得以实现的一项管理活动。

其一，企业财务控制的主体首先是企业经营者。企业代理理论认为，代理关系存在于企业内部的每一个管理层次上。在现代企业制度下，法人治理结构架构中一个重要的特点是董事会对经营者财务约束和控制的强化。

其二，财务控制的目标是企业财务价值最大化，是代理成本与财务收益的均衡，是企业现实的低成本和未来高收益的统一，而不仅仅是传统控制财务活动的现实的合规性、有效性。首先，财务控制的首要目标是董事会出于减低代理成本，指因经营者、雇员等代理人偷懒、不负责任、偏离股东目标和以种种手段从公司获取财富等发生的成本，这种成本最终由股东承担。代理成本的存在会影响公司经营效益，甚至可能威胁公司的生存。其次，财务控制目标促进企业战略目标的实现，所以财务控制过程必须是围绕着企业战略的制定、实施、控制而采取一系列措施的全过程。最后，财务控制致力于将企业资源加以整合优化，使资源消费最小、资源利用效率最高、企业价值最大。

其三，财务控制的客体首先是人，包括经营者、财务经理等管理者和员工，以及由此形成的内、外部财务关系，其次才应该是各种不同的企业财务资源或现金流转过程。

其四，财务控制的实现方式应该是一系列激励措施与约束手段的统一。为了降低代理成本，实现财务目标，必须设计一套完善的激励和约束机制。

在这个机制中，内部机制的因素或手段包括：解雇或替换表现不佳的经营者；通过董事会下设的各类委员会完善公司董事会对经营者的监控职能；清晰界定股东大会、董事会、经理之间的决策权、控制权的界限；实行预算管理；通过组织机构的设计与重整，完善内部组织控制和责任控制、业绩评价制度。外部机制的因素或手段包括：经理人和劳动力市场的调节，一个理性的经营者、员工在人才市场的影响下，可能不会过度违背公司股东的利益；控制权市场上潜在购并者的威胁；政府的法律；资本市场上的监管者，例如政府、中介机构、专业证券分析师等。

（二）财务控制的构成要素

1. 控制环境

控制环境是指对建立、加强或削弱特定政策、程序及其效率产生影响的各种因素。控制环境是企业财务控制体系的核心和基础。人的活动在环境中进行，人的品性，包括操守、价值观和能力等，它们既是构成环境的重要因素之一，又与环境相互影响、相互作用。环境要素是推动企业发展的引擎，也是其他一切要素的核心。财务控制环境不但直接影响财务控制的建立，还直接决定财务控制实施的效果以及财务控制目标的实现。

2. 风险评估

企业必须制定目标，该目标必须和销售、生产、财务等作业相结合。为此，企业也必须设立可发现和辨认、分析和管理相关风险的机制，以随时了解自身面临的风险，并适时加以处理。企业应特别加强对环境改变时的事务管理，因为控制和风险是紧密相连的，一旦企业内、外部环境发生明显变化，就最容易产生风险。

每个组织所面临的风险都是与其特定的存在环境相联系的，必须根据实际情况，同时从企业整体与个别作业层次有效地甄别和评估内部和外部风险，控制活动才能有的放矢。现代企业的风险主要来源于：①经营环境的变化；②聘用新员工；③采用新的或改良信息系统；④迅猛的发展速度；⑤新技术的应用；⑥新的行业、产品或经营活动的开发；⑦企业改组；⑧海外经营；⑨新会计方法的采用等。

3. 控制活动

企业必须制定控制的政策及程序，并予以执行，以帮助管理阶层保证其控制目标的实现。公司的政策和程序具体包括：为员工建立的行为准则、内部控制标准、财务管理和标准作业程序等。

控制活动是确保管理阶层指令得以执行的政策及程序，例如，核准、授权、验证、调节、保障资产安全及职务分工等，主要的控制活动包括以下四个方面。

（1）业绩评价。业绩评价即管理层记录经营活动的结果，然后与预算、预测、前期及竞争者的绩效相比较，以衡量目标达到的程度和监督计划的执行情况。

（2）对信息处理的控制。对信息系统的控制活动可以分为两类：一类是一般控制，自助管理层确保系统能够持续、适当的运转，例如资料中心运作的控制；另一类是应用控制，包括应用软件中的电算化步骤及相关的人工程序，例如输入控制。

（3）实物控制。要保护设备、存货、证券、现金和其他资产的实体安全，定期盘点并与控制记录显示的金额相比较。

（4）职务分离。即先将责任划分，然后将不相容职务分派给不同员工，以降低错误或不当行为的风险。

4. 信息和沟通

围绕在控制活动周围的信息与沟通系统，使企业内部员工能及时取得他们在执行、管理和控制企业经营过程中所需的信息，并交换这些信息。一个良好的信息系统应该能够确保企业中每个人均清楚地知道其所承担的特定职务和责任，如业务部门对实现控制目标、落实政策、确保控制实施负主要责任；财务部门负责辅助完成公司的目标和检查财务程序的履行。

5. 监督

必须对整个财务控制的过程施以恰当的监督，通过监督活动在必要时对财务控制过程加以修正。监督主要包括：①职业道德的约束，公司成立由董事长、财务总监、首席法律顾问等组成的"职业道德监督委员会"，负责调查违反行为准则的人员；②通过外部审计，检查和确认财务报告的合法性、公允性和一贯性；③通过内部审计，对内部各部门的财务、管理、效益进行审计；④加强集团对分部的监控和对分部财务状况的监控。

（三）财务控制与财务预算

财务控制与预算作为企业财务循环体系的两个方面，二者既存在联系，又有区别。它们是相互依存、相互配合的关系。它们的联系在于：①目的相同。编制预算的目的是为了加强对企业各项经济活动的控制，而预算的目标就是控制的标准。预算一经制定，就要组织实施，而控制就是实施的具体过程。②目标一致。财务控制需要具体的财务目标，而财务预算是财务目标的具体化，二者都是出于控制经济活动的目的。它们的区别在于：①性质不同。预算体现在目标上，只是控制的工具；而控制是一种管理活动，表现为一个完整的活动过程，财务预算的执行要依靠财务控制。②各自的职能、地位不一样。预算的职能在于协调，而控制的职能是为了制衡；预算只是一个目标，是财务控制的主要依据。

二、财务控制的体系

（一）组织系统

财务控制组织系统主要解决控制和被控制问题，即财务控制主体和被控制对象的问题。从控制主体层面看，企业的所有者（或公司董事会）应该围绕财务控制工作建立和提供有效的组织保证。例如，围绕财务预算的制定建立相应的预算决策和预算编制机构；围绕日常财务控制的组织实施，建立相应的监督、协调和仲裁机构；基于内部结算考量建立相应的内部结算组织；基于预算执行结果的考评，而建立相应的考评机构等。

（二）制度系统

制度系统包括企业组织机构的设计和企业内部所采取的各种相互协调的方法和措施。这些方法和措施，主要作用是保护企业财产安全，检查企业财务信息和会计信息的准确性和可靠性，以进一步提高经营效率，确保既定管理方针的实施。

（三）预算目标

财务控制需要具体的财务目标，而财务预算目标就是财务目标的具体化，预算目标是财务控制实施的主要依据。预算一经制定，就要组织实施，而控制就是实施的具体过程。

（四）信息系统

信息是控制的基础，财务控制不能没有信息。财务控制信息系统是一个既能跟踪、监控各个责任中心预算执行情况，又能够及时反馈和调整执行偏差的动态的信息系统。

（五）奖惩制度

为提高财务控制的最终效果，奖惩制度的制定必须与责任中心的预算责任目标相结合，同时还需要与之配套的、严格的考评机制，并且要做到过程考核与责任考核相结合。只有这样的奖惩制度才是切实可行的。

三、财务控制的原则

内部控制原则指对建立和设计内部控制制度具有指导性的法规和标准。内部控制原则回答的是为实现控制目标应当如何科学地建立和设计内部控制制度的问题。具体而言，内部控制的原则主要有以下十种。

（1）合法性原则：合法性原则是指内部控制制度必须符合有关法律法规的规定，体现法律法规和政策的要求，以保证控制系统的权威性。坚持合法性原则是建立内部控制系统的前提条件。

（2）全面性原则：全面性原则是指在符合企业内部控制系统要素要求的前提下，业务流程的设计必须能够覆盖企业业务活动的全貌和企业经营管理的各个环节，并将业务流程中关键控制点落实到政策、执行、监督等各环节，不得留有制度上的空自或遗漏。

（3）岗位分离原则：岗位分离原则是指在企业会计业务流程中把不相容职务进行岗位分设，以避免相关部门和岗位之间产生串通舞弊、谋取私利的风险。

（4）有效性原则：有效性原则是指在内部控制制度的构建过程中，应注意体系的严密性、协调性、适度性和简便性，力求有效防止错误和弊端的发生，产生效率和效益。既要注意制度的健全、手续的完备，又要抓住控制的重点，注意程序的简化，千万不能生搬硬套、盲目采用。

（5）协调性原则：协调性原则是在业务流程的设计中，各部门或人员必须相互配合，各岗位和环节都应协调同步，从而保证业务程序和手续能够紧密衔接，保持业务活动的连续性和有效性。

（6）相互牵制原则：相互牵制原则是指一项完整的业务活动，必须经过具有相互制约关系的两个或是两个以上的岗位。在横向关系中，至少要有彼此独立的两个部门或是人员办理；在纵向关系上，至少要经过互不隶属的两个岗位和环节，以使下级受上级的监督，上级受下级的牵制。

（7）实时性原则：实时性原则是指内部控制系统的制定应当具有前瞻性，并与企业的外部环境和内部管理的需求相适应，应随着企业经营战略、经营方针以及内部管理需求等内部环境的变化和国家相关法律、法规及政策制度等外部环境的改变进行适时的调整。

（8）经济性原则：经济性原则是指业务流程的设计应以企业治理结构的要求、业务特点、部门设置以及企业规模的特点为依据，正确处理成本和效益的关系，实现运行成本最低、效益最大的目标。

（9）成本与效益兼顾原则：企业在建立和设计自身的财务控制制度时，应根据自身规模大小及具体经营管理情况，合理地控制设计成本与执行成本，以达到最佳的控制效果。

（10）不相容职务分离原则：首先，合理设置岗位，对职责权限的划分做到不相容职务分离，起到相互制约的作用。其次，采取业务分割方式，把企业每一笔经济业务发生的全过程，特别是一些关键环节，分别交由不同的部门和人员去处理。不相容职务分离原则，能够使经济业务在合理、合法中完成，同时有效防止不法行为的发生。

四、财务控制的方法

（一）制度控制法

制度控制法是指依据国家有关法律、法令和相关条例，以及企业自行制定的管理制度、规定和相关管理办法等进行的控制。

（二）定额控制法

定额控制法是指以事先确定的定额作为控制标准，对企业经济活动或资金运动所进行的控制。从性质看，定额是对财务各方面工作提出一个定量或定时的基本要求，通过各种定额的确定，组成一个科学、有效的定额管理体系。

（三）授权控制法

授权控制法又称授权与批准控制法，即单位内部部门或职员处理经济业务时，必须通过授权通知书来明确授权事项和使用资金的限额。其原则是对在授权范围内的行为给予充分的信任，但对授权之外的行为不予认可，以切实保证既定管理方针的执行。有效的内部财务控制要求每项经济业务活动都须经过适当的授权批准，以防止内部员工随意处理、盗窃财产物资或歪曲记录。

（四）责任控制法

责任控制法是以明确经济责任、检查和考核部门或个人责任履行情况为主要内容的一种财务控制方法。其中，部门责任制，是按照企业各部门承担的职能来明确及考核相关责任的制度；岗位责任制，是按照事前确定的岗位职责来明确和考核责任的制度。

（五）预算控制法

预算控制法是指对单位各项经济业务编制详细的预算或计划，并通过授权，由有关部门对预算或计划执行情况进行控制。具体要求包括：①编定的预算应当体现单位经营目标，并明确责权；②定期、及时反馈预算执行信息；③预算执行中应允许经授权批准对预算调整，以切合单位实际。这种全方位、全过程、全员的预算控制法的实施，强化了预算的财务功能，使企业的财务目标和决策得以细化落实。

（六）利益控制法

正如西方经济学"经济人"理论所假定的，人其实都是自私的"经济人"，都追求个人利益的最大化。这也间接证实了那句名言，"没有永远的敌人，只有永恒的利益"。就企业而言，参与企业财务活动的各个行为主体，基本目的都是为了追求自身的经济利益。利益控制法就是要充分发挥利益的调控作用，尽可能地使各行为主体的财务活动符合调控主体的计划和目标。

（七）实物保全控制

内部控制各种方式都具有保护资产安全的作用，这里所述的实物保全控制是指对实物资产的直接保护，主要内容有以下五个方面。

（1）限制接近：限制接近现金；限制接近其他易变现资产；限制接近存货。

（2）定期盘点：定期与会计记录核对；进行差异调整与协调。

（3）记录保护：严格限制接近会计记录的人员；会计记录应该妥善保存；重要资料应留有备份，以便在遭到意外时能够重新恢复。

（4）财产保险：通过投保增加实物资产受损后补偿的程度或机会，保护企业实物安全。

（5）财产记录监督：建立资产个体档案，对资产的增减变动做记录，同时加强对财产的所有权凭证的登记与管理。

（八）职工素质控制

内部控制成效的关键在于职工素质的高低程度。职工素质控制的目的在于保证职工忠诚、正直、勤奋、有效地工作，从而保证其他内部控制有效实施。职工素质控制包括：建立严格的招聘程序，保证应聘人员符合招聘要求；制定职工工作规范，用以引导考核职工行为；定期对职工进行培训，帮助其提高业务素质，更好地完成规定的任务；加强考核和奖惩力度，定期对职工业绩进行考核，奖惩分明；对重要岗位职工应建立职业信用保险机制。例如，签订信用承诺书，保荐人推荐或办理商业信用保险；工作岗位轮换。

（九）风险防范控制

企业在市场经济环境中，不可避免地会遇到各种风险，因此，为防范风险，企业应建立评估机制。企业常用的风险评估内容包括：筹资风险评估；投资风险评估；信用风险评估；合同风险评估。风险防范控制是企业的一项基础性和经常性工作，企业必要时可设置风险评估部门或岗位，专门负责有关风险的识别、规避和控制。

（十）内部报告控制

内部控制原则要求企业建立和完善内部报告控制，明确相关信息的收集、分析、报告和处理程序，及时提供业务活动中的重要信息，全面反映经济活动情况，增强内部管理的时效性和针对性。

五、企业加强财务控制的对策与途径

（一）创新理财理念

企业普遍对财务管理作用认识不清，有的认为财务管理就是记账、算账、报账，无视财务信息的作用，不重视财务人员的职能发挥，更不能认识财务控制的核心作用。往往融资时不考虑资本结构，不权衡资本成本；投资时不分析现金流量，只注重短期效应，不为长期发展打算。要加强财务控制，关键在于创新观念：一要确立财务管理核心的理念，重视财务管理。二要确立财务控制核心的理念，强化财务控制。三要树立科学理财观念，重视对财务信息的研究分析，防止盲目决策、盲目投资。四要强化企业的社会责任感和风险防范意识，逐步实现财务控制观念由内部牵制、单一会计控制向全面、全员、全程的风险控制转变。

（二）完善控制机制

完善控制机制是指建立健全内部控制机制，逐步完善财务控制体系，为财务控制提供制度保证。建立科学、完善、适合企业的财务管理制度，例如预算控制制度、投资管理制度、筹资管理制度、成本管理制度、薪酬制度等。加强对资金、存货、各项债权债务的管理，有计划、有目的地使用资金，提高资金使用效率；建立严格的采购供应制度，减少库存物资的积压和浪费。建立严密有效的财务控制制度，加强内部控制：一要建立会计系统控制制度，例如企业核算规程、会计工作规程、会计人员岗位责任制、财务会计部门职责、会计档案管理制度等。良好的会计系统控制制度是企业财务控制得以顺利进行的有力保障。二要建立授权批准控制制度，例如，以制度的形式明确规定涉及财务及相关工作的授权批准的范围、权限、程序、责任等内容，要求单位内部各管理层必须在授权范围内行使职权和承担责任，经办人员必须在授权范围内办理业务。三要建立不相容职务分离制度。企业要按照不相容职务相分离的原则，合理设置财务会计及相关工作岗位，明确职责权限，形成相互制衡机制。

（三）优化控制环境

优化控制环境主要从以下方面入手：打造企业文化环境。一要建设良好的企业文化。企业文化是一种无形动力，它影响企业员工的思维、理念和行为方式。良好的企业文化可以促进企业的发展，激发企业员工的不断进取，反之可能使企业陷入困境，弱化员工的凝聚力和进取心。建立现代企业文化，形成有效的利益共同体，让员工对企业有归属感，才能真正实现有效的控制。二要建立科学的企业经营理念。企业经营理念是指企业在经营活动中企业领导层与员工之间培养或形成一体的意念，实际上是企业文化的浓缩，是企业领导人事业宗旨的体现，是企业形象基本要素，是企业的经营哲学和企业精神的结合体。三要增强员工对财务控制制度的认识，提高员工素质。注意在日常管理中加强对员工的宣传教育，使管理人员和员工充分认识内部控制的重要性；建立激励机制，采用科学、合理、适用的人员管理制度和控制措施；加强日常工作考核，促使员工按制度完成本职工作。

在企业内部控制系统运行过程中，企业管理者所起的作用举足轻重，其素质直接影响到企业的行为，进而影响到企业内部控制的效率和效果。要建立完善的内部控制系统并使之真正发挥应有的作用，必须提高企业管理人员特别是主要决策人的综合素质。

（四）规范控制成本

成本分为资本成本和产品成本两类。资本成本是指企业为取得和使用资本而付出的代价，是资本预算决策以及进行重要财务决策、制定有关资本管理政策、评价企业经营业绩的重要依据，在财务管理中处于至关重要的地位。控制资本成本主要从选择合适的融资渠道和建立合理的资金结构入手。产品成本是反映产品从研究、设计开发到制造、销售等各个环节发生的各项资金耗费。

（五）重视预算控制

预算控制是以全面预算为手段，对企业财务收支和现金流量所进行的控制。预算控制主要包括以下几个环节：建立预算体系；编制和审定预算；下达预算指标；授权预算执行；监督预算执行；分析预算差异、考核预算业绩等。主要通过以下步骤实现。

（1）科学编制部门预算。要以企业发展战略为导向，通过预算对战略执行的财务结果实施控制。在编制部门预算时，按照统筹兼顾、标准统一、公开公平的原则，对人员经费和公用经费按规定标准和定额细化到项。对专项经费根据单位工作开展和事业发展需求，按财力可能和轻重缓急的次序安排。

（2）提高预算的控制力和约束力。预算管理要求一切经济活动都围绕企业目标的实现而展开，在预算执行过程中落实经营策略、强化企业管理，严格执行预算，增强预算的严肃性。必须围绕实现企业预算落实管理制度，提高预算的控制力和约束力。

（3）建立预算管理的监督机制。建立包括内部审计、预算管理委员会和责任预算实施主体在内的监督机制，并定期或不定期地对这种机制的有效性进行评估并加以不断改进，确保预算执行到位。

（4）建立合理的预算考评奖惩体系。"考核与奖惩是预算管理的生命线"，作为一种价值化的目标体系，在期末终了时，应对预算执行和完成情况通过合理的程序进行考评，奖优罚劣，体现客观公正，发挥预算的激励和约束作用。

（5）建立完善的财务信息系统。预算控制系统的建立不仅需要在制度上对流程和控制环节加以规定，还要求实际工作中建立有效的以计算机网络为基础的信息系统，从而充分利用数据库和管理系统的支持提高信息传递和分析的效率。

（六）加强风险控制

风险是指某一行动的结果具有不确定性，一般分为市场风险、经营风险和财务风险。市场风险属于系统风险，不能通过多元化投资来分散，企业风险防范的重点是生产经营过程中产生的经营风险和因为举债产生的财务风险。经营风险是由于生产经营变动或市场环境改变，导致企业未来的经营性现金流量发生变化，从而影响企业的市场价值的可能性。企业价值的变化程度取决于变动因素对企业未来销售量、价格和成本的影响程度。财务风险是指企业因借入资金而产生的丧失偿债能力的可能性和企业利润的可变性。企业先天的缺陷，导致其抗风险能力较差。必须牢牢树立风险意识，对市场和形势谨慎估计，并随着国内外经济环境和形势的变化不断转换经营方式、理念。作为抗风险较弱的企业，在做任何投资之前，都应把风险因素放在第一位，并考虑一旦出现，风险企业的承受能力有多强。

一般而言，风险控制策略包括规避策略、减少策略、转移策略和接受策略，前三种属于主动应对策略，后一种属于被动策略。企业必须采取主动的风险控制策略，才能立于不败之地。具体做法有以下五点。

（1）注重市场调研，规避和防范经营风险。要经常进行市场调查，及时了解企业产品或服务的市场价格及变化情况、市场容量及波动情况、竞争对手或潜在竞争对手情况等，掌握市场第一手资料，特别要着眼于市场的未来需求。

（2）重视财务决策，尽量减少风险。例如，通过在财务决策以前进行及时、准确的预测，及时获取政府政策信息及科学决策，一方面控制风险因素，减少风险发生概率，另一方面尽可能降低风险的损害程度。

（3）理顺专业化生产与多元化经营的关系，分散和化解经营风险。经营风险大都由内部因素造成，要在利用企业已有优势坚持专业化经营、牢固占领主营业务市场、强化企业核心竞争力的基础上，合理配置和利用现有资源，积极研发具有自主知识产权的核心技术与核心产品，不断提高企业技术创新能力，走多元化发展之路。

（4）企业有针对性地建立起财务风险分析、财务风险处理、财务风险责任三大财务风险管理机制，将企业风险牢牢控制在一定水平内。例如，在保证合理的资金结构，维持适当的负债水平前提下，既要利用举债手段获取财务杠杆收益，提高自有资金盈利能力，又要注意防止过度举债引起财务风险，避免企业陷入财务困境。

（5）建立企业的财务预警系统，充分发挥预警作用，实现风险的监测、诊断、治疗，进而达到"强身健体"的功能。通过建立和完善风险识别、风险预警、风险评估和风险报告机制，构造灵敏的风险预警系统，完善企业财务管理信息系统，对企业进行全面的风险防范与控制，将风险可能带来的负面效应降低到最低。

第四节　财务分析

一、财务分析的概念、意义及内容

（一）财务分析的概念

财务分析是指利用会计报表及其他有关资料，运用科学方法对企业财务状况和经营成果进行比较、评价，满足企业经营管理者、投资者、债权人及政府有关部门掌握企业财务活动情况和进行经营决策的需要的一种方法。会计报表使用者为了取得其在经济决策中有用的信息，就必须对会计报表披露的信息进行分析、比较、评价，从而进行有效的决策。

（二）财务分析的意义

财务分析以企业财务报告反映的财务指标为主要依据，对企业的财务状况和经营成果进行评价和剖析，以反映企业在运营过程中的利弊得失、财务状况及发展趋势，为改进企业财务管理工作和优化经营决策提供重要的财务信息。开展财务分析具有下述三方面重要的意义。

1. 有利于企业经营管理者进行经营决策和改善经营管理

社会主义市场经济为企业之间的平等竞争创造了有利条件，也给企业的生产经营带来风险。复杂的经营环境要求企业的经营管理者不仅要广泛、准确地了解社会信息，而且要全面、客观地掌握本企业的具体情况。只有这样，企业的经营管理者才能运筹帷幄，无往而不胜。

2. 有利于投资者做出投资决策和债权人制定信用政策

企业的财务状况和经营成果好坏，不仅是企业经营管理者需要掌握的，而且也是企业的投资者、债权人十分关心的，它直接关系到投资者和债权人的利益。投资者为了提高投资收益，减少投资风险，就需要正确进行投资决策；债权人为了及时收回贷款或收取应收账款，减少呆账或坏账损失，就需要制定正确的信用政策。

3. 有利于国家财税机关等政府部门加强税收征管工作和进行宏观调控

国家财政收入主要来自企业上缴的税收。为了保证国家财政收入，国家财税机关必须改善和加强对税收的征收管理工作，一方面要促进企业改进生产经营管理，增加企业收益；另一方面要监督企业遵纪守法，保证税收及时、足额纳入国库。

（三）财务分析的内容

财务分析的依据，主要是企业编制的会计报表。由于不同企业会计报表的使用者进行财务分析的目的各不相同，其分析内容应由分析的目的所决定。

1. 投资人分析的内容

投资者或股东作为投资人，其分析的目的如果是决定是否进行投资，其分析内容是企业的资产和盈利能力；如果是决定是否转让股份，其分析内容是盈利状况、股价变动和发展前景；如果是考察经营者业绩，其分析内容是资产盈利水平、破产风险和竞争能力；如果是决定股利分配政策，其分析内容是筹资状况。

2. 债权人分析的内容

债权人因为不能参与企业剩余收益的分配，决定了债权人必须首先对其贷款的安全性予以关注。债权人分析的目的如果是决定是否给企业贷款，其分析内容是贷款的报酬和风险；如果是了解债务人的短期偿债能力，其分析内容是流动资金状况；如果是决定是否出让债权，其分析内容是评价其价值。

3. 经理人员分析的内容

为了改善财务决策满足不同利益主体的需要，协调各方面的利益关系，企业经营者必须对企业经营理财的各个方而，即外部使用财务报表的人所关心的所有问题进行分析。

（1）供应商分析的内容：供应商对财务报表的分析，意在决定是否与购货方长期合作和是否应对其延长付款期。通过分析，能够了解购货方销售信用状况。

（2）政府有关部门分析的内容：政府对国有企业投资的目的，除关注投资所产生的社会效益外，必须对投资的经济效益予以考虑。在谋求资本保全的前提下，期望能够同时带来稳定增长的财政收入。

尽管不同利益主体进行财务分析有着各自不同的侧重点，但就企业总体来看，财务分析的内容可以归纳为四个方面：偿债能力分析、营运能力分析、盈利能力分析和发展能力分析。其中偿债能力是财务目标实现的稳健性保证，营运能力是财务目标实现的物质基础，盈利能力与发展能力既是营运能力与偿债能力共同作用的结果，同时又对增强营运能力与偿债能力起着推动作用，四者相辅相成，构成企业财务分析的基本内容。而财务综合分析可以全面分析企业的财务状况、经营成果以及未来的发展趋势。

二、财务分析的基础

财务分析是以企业的会计报表及其他资料为基础，通过对会计所提供的核算资料进行加工整理，得出一系列科学的、系统的财务指标，以便进行比较、分析和评价。这些会计核算资料包括日常核算资料和财务报告，但财务分析主要以财务报告为基础，日常核算资料及其他资料只作为财务分析的一种补充资料。财务报告是企业向政府部门、投资者、债权人等与本企业有利害关系的组织或个人提供的，反映企业在一定时期内的财务状况、经营成果以及影响企业未来经营发展的重要经济事项的书面文件。

企业的财务报告主要包括资产负债表、利润表、现金流量表、所有者权益变动表、其他附表以及财务状况说明书。这些报表以及财务状况说明书集中概括反映了企业的财务状况、经营成果和现金流量情况等财务信息，对其进行财务分析，可以更加系统地揭示企业的偿债能力、营运能力、获利能力以及发展能力等财务状况。

三、财务比率分析

企业财务报表提供了企业特定日期财务状况和特定时期经营成果与现金流量的信息，通过对这些信息进行分析，计算某些财务比率指标，对企业财务状况进行评价，从而对企业的经营管理情况有更深刻的了解与认识，做出正确的经营管理决策。

（一）偿债能力分析

1. 企业偿债能力的概念

企业偿债能力是指企业对一各种到期债务偿付的能力。企业偿债能力是反映企业财务状况和经营能力的重要标志。企业偿债能力低，不仅说明企业资金紧张，难以支付日常经营支出，而且说明企业资金周转不灵，难以偿还到期应偿付的债务，甚至面临破产的危险。其中，企业偿还流动负债的能力是由流动资产的变现能力决定的，除货币资金外，变现能力强的流动资产是交易性金融资产、应收票据和应收账款。如果货币资金及变现能力强的流动资产的数额与流动负债的数额逐年一致，或者流动资产大于流动负债，说明企业有偿债能力；相反则说明企业的偿债能力差。其中，企业偿还非流动负债的能力，一方面取决于负债与资产总额的比例，另一方面取决于企业的获利能力。获利能力强，月资产总额大于负债总额，表示有偿债能力；否则，偿债能力差。

2. 长期偿债能力分析

长期偿债能力是指企业偿还长期债务的能力。衡量企业长期偿债能力主要看企业资金结构是否合理、稳定，以及企业长期盈利能力的大小。因此，分析长期偿债能力的主要指标有：资产负债率、有形资产负债率、产权比率、所有者权益比率、利息保障倍数等指标。

（1）资产负债率。资产负债率亦称负债比率，是企业负债总额与资产总额之比，即每一元资产所承担负债的数额。它是衡量企业负债偿还物质保证程度的指标。其计算公式为：

$$资产负债率 = 负债总额 / 资产总额$$

上述公式中的"负债总额"包括非流动负债和流动负债；资产总额包括企业的流动资产、长期投资、固定资产、无形资产及其他资产等。

（2）有形资产负债率。并非企业所有的资产都可以作为偿债的物质保证，不仅在清算状态下，长期待摊费用、递延税项等难以作为偿债的保证，即使在企业持续经营期间，上述资产的摊销价值也需要依靠存货等资产的价值才能得以补偿和收回，其本身并无直接的变现能力，相反还要对其他资产的变现能力产生反向影响。可用有形资产负债率这一比较稳健的指标，对企业的长期偿债能力进行评价，其计算公式为：

$$有形资产负债率 = 负债总额 / 有形资产总额$$

（3）产权比率。产权比率又叫负债权益比率，是企业负债总额与所有者权益之间的比率。它反映债权人提供的资本与所有者权益提供的资本相对关系，说明了企业所有者权益对债权人权益的保障程度。其计算公式为：

$$产权比率 = 负债总额 / 所有者权益总额$$

（4）所有者权益比率。所有者权益比率是企业所有者权益与资产总额的比率。其计算公式为：

$$所有者权益比率 = 所有者权益/资产总额$$

（5）利息保障倍数。利息费用保障倍数也叫作已获利息倍数，是指企业自、税前利润与利息费用的比率。其计算公式为：

$$利息保障倍数 = 息税前利润/利息费用$$

3. 影响企业偿债能力的其他因素

在分析企业偿债能力时，除了使用上述指标以外，还应考虑到以下因素对企业偿债能力的影响，这些因素既可影响企业的短期偿债能力，也可影响企业的长期偿债能力。

（1）或有负债。或有负债是企业在经营活动中有可能会发生的债务。或有负债不作为负债在资产负债表的负债类项目中进行反映，但这些或有负债一旦将来成为企业现实的负债，则会对企业的财务状况产生重大影响，尤其是金额巨大的或有负债项目。

（2）在保责任经济活动中，企业可能会发生以本企业的资产为其他企业提供法律担保的情况。这种担保责任在被担保人没有履行合同时，就有可能会成为企业的负债，增加企业的债务负担，但是，这种担保责任在会计报表中并未得到反映。

（3）经营租赁活动。企业经营租赁的资产，其租赁费用并未包含在负债之中，如果经营租赁的业务量较大、期限较长或者具有经常性，则对企业的偿债能力也会产生较大的影响。

（4）可动用的银行贷款指标。可动用的银行贷款指标是指银行已经批准而企业尚未办理贷款手续的银行贷款限额。

在分析财务报表时，人们往往有些片面。因为不同的报表使用者关心的重点不同，对于偿债能力是否越强越好，不同的报表使用者也同样有不同的答案。站在所有者和经营者角度，偿债能力越强反而说明企业没有充分利用负债给企业带来的好处。

（二）营运能力分析

营运能力是企业的资产运用（管理）效率，它是衡量企业管理人员运用资金的能力。其实质是企业通过生产资料的配置，对企业财务目标产生作用的大小。

企业拥有或控制的生产资料表现为各项资产占用。生产资料的营运能力实际上就是企业的总资产及其各个组成要素的营运能力。资产营运能力的强弱关键取决于资产周转速度。

一般来说，周转速度越快，资产的使用效率越高，则营运能力越强；相反，营运能力就越差。表示资产周转速度的指标，有周转率（周转次数）和周转期（周转天数）两种形式。所谓周转率（周转次数）即企业资金在一定时期内资产的周转额与资产平均余额的比率，它反映企业资金在一定时期的周转次数，周转次数越多，周转速度越快，表明营运能力越强。所谓周转期（周转天数），它是指资金周转一次需要的天数，周转一次需要的天数越少，说明周转速度越快，利用效果越好。其计算公式为：

$$周转率（次数）＝周转额/资产平均余额$$

（三）盈利能力分析

企业在一定期间内实现的主营业务利润、营业利润、利润总额和净利润，在利润表上均有反映。将利润表提供的经营成果信息转化为盈利指标进行对比，可以反映出企业的盈利水平；将企业的各项盈利指标与行业标准或先进指标比较，可以反映出企业的盈利能力。

盈利能力，是指企业赚取利润的能力，是企业财务能力的集中体现。利润是企业内外有关各方都关心的"对象"，它是企业所有者取得投资收益、债权人获取本息的资金来源，也是经营管理者的经营业绩和管理效益的集中表现。

盈利能力指标主要用来考察企业的盈利情况，借以评价企业的资本收益水平和获利能力。企业盈利能力的一般分析指标有主营业务收入利润率、成本利润率、净资产收益率和资本保值增值率等。

（四）发展能力分析

对企业的发展能力进行分析，通常要企业连续几期的会计报表，这样才能进行趋势分析，既反映了企业过去几年的发展状况，也可以根据比率结果预测企业未来的发展趋势。发展能力的衡量指标主要有营业增长率、资本积累率、利润增加率和可持续增长率等，主要分为下述两个方面。

1. 营业收入增长率

营业收入增长率是指企业本年营业收入增长额同上年收入总额的比率。营业收入增长率表示与上年相比，企业营业收入的增减变动情况，是评价企业成长状况和发展能力的重要指标。其计算公式如下：

营业收入增长率 =（本年营业收入增长额/上年营业收入总额）×100%

营业收入增长率是衡量企业经营状况和市场占有能力、预测企业经营业务拓展趋势的重要标志，也是企业扩张时资金需求的前提，不断增加营业收入是企业生存的基础和发展的条件。

2. 资本增长率

（1）资本积累率

资本积累率是指企业本年所有者权益增长额资本积累率，表示企业当年资本的积累能力，是评价企业发展潜力的重要指标。其计算公式如下：

资本积累率 =（本年所有者权益增长额/年初所有者权益）×100%

其中，本年所有者权益增长额是指企业本年所有者权益与上年所有者权益的差额，即：

本年所有者权益增长额 = 所有者权益年末数 − 所有者权益年初数

其中，年初所有者权益指所有者权益年初数。

资本积累率是指企业当年所有者权益总的增长率，反映了企业所有者权益在当年的变动水平。资本积累率的高低体现了企业资本的积累情况，是企业发展的标志，也是企业扩大再生产时依据自身力量的程度。资本积累率反映了投资者投入资本的保全性和增长性，该指标越高，表明企业的资本积累越多，企业资本安全性越强，对抗风险、持续发展的能力越大，此时企业偿还贷款的可能性越大。该指标如为负值，表明企业资本受到侵蚀，发展能力存在疑问。

（2）总资产增长率

总资产增长率是企业本年总资产增长额同年初资产总额的比率。总资产增长率衡量企业本期资产规模的增长情况，评价企业经营规模总量上的扩张程度。其计算公式如下：

$$总资产增长率 = 本年资产总额增长额/年初资产总额 \times 100\%$$

总资产增长率指标是从企业资产总量增长方面衡量企业的发展能力，表明企业规模增长水平对企业发展后劲的影响。该指标越高，表明企业一个经营周期内资产经营规模扩张的速度越快。但实际操作时，应注意资产规模扩张的质量，以及企业的后续发展能力，避免资产盲目扩张。该指标是考核企业发展能力的重要指标，我国上市公司业绩的综合排序中，该指标位居第二。

（3）资本保值增值率

资本保值增值率是所有者权益的期末总额与期初总额的比值，是对企业经营成果是否形成积累的增加做出评价，用来反映投入资本的完整性和增值性。其计算公式如下：

$$资本保值增值率 = 年末所有者权益/年初所有者权益$$

（4）固定资产成新率

固定资产成新率是企业当期平均固定资产净值同平均固定资产原值的比例。其计算公式如下：

$$固定资产成新率 = 平均固定资产净值/平均固定资产原值 \times 100\%$$

其中，平均固定资产净值是指企业固定资产净值的年初数同年末数的平均值。平均固定资产原值是指企业固定资产原值的年初数同年末数的平均值。

固定资产成新率反映了企业所拥有的固定资产的新旧程度，体现了企业固定资产更新的快慢和持续能力。该指标高，表明企业固定资产比较新，对扩大再生产的准备比较充足，发展的可能性较大。

（5）三年利润平均增长率

三年利润平均增长率表明企业利润连续三年增长情况，体现了企业的发展潜力。其计算公式如下：

年利润平均增长率＝（年末利润总额/三年前年末利润总额）×100%

其中，三年前年末利润总额指企业三年前的利润总额数。

利润是企业积累和发展的基础，该指标越高，表明企业积累越多，可持续发展能力越强，发展潜力越大。

第四章 中小企业财务成本控制

第一节 财务成本控制的基础理论

一、财务成本控制

（一）财务成本控制与特点

所谓"控制"，简单说来就是掌握和限制的意思。较严格说来，控制是指按照一定的条件和规定的目标，对一个过程或一系列事件施加影响，使其达到预定目标的一种有组织的行动。控制作为一个科学范畴，具有以下四个特点。

1. 控制由施控主体和受控客体所组成

既然控制是一种行动，就必然要有实施这种行动的主体和承受这种行动的客体。没有施控主体，控制行动便无从产生；没有受控客体，控制的行动便不能发生作用，故二者不可分离。

2. 控制是为了达到一定的目标

客观事物的发展，存在很多种可能性，这些可能性的集合，在控制论中叫作可能性空间。如果事物的发展只有一种可能性，就不存在控制问题。

3. 施控主体必须具有较强的调节功能

在控制系统中，施控主体要求受控客体按照预定的目标发展，而不偏离目标，这就要求施控主体必须具有较强的调节功能。

4. 控制必须依靠信息

在一个简单的控制装置中，至少要有施控元件、传递线路和受控元件三个部分，这三个部分组成一个具有控制功能与行动的控制系统。其中施控元件对受控元件的控制作用和受控元件对施控元件的反馈作用都依赖于信息的传递。

（二）财务成本控制的概念

财务成本控制是一种经济控制，同样具备控制系统的五个基本要素。通过以上对财务成本与控制的内涵、外延及其特点的界定与研究，我们可以得到财务成本控制的基本概念。

财务成本控制，即企业的财务成本管理机构和各级管理人员根据预定的财务成本目标，对企业实际生产经营活动过程中的资金运动，进行指导、限制和监管，掌握情况，发现偏差，及时矫正，并寻找降低成本的最佳途径，以保证更好地实现预定的财务成本目标，促使企业财务成本效益不断提高的一种管理活动。从财务成本控制的基本概念中，我们可以得到下述三点结论。

（1）财务成本控制的主体是财务成本管理机构和各级管理人员，以及与财务成本的发生相关的各级人员。

（2）财务成本控制的客体是企业生产经营活动中发生的各种资金运动及其结果。

（3）财务成本控制的目标是：通过研究企业资金运动，寻求实现最佳财务成本效益的途径，提高企业的最终经济效益。

二、财务成本控制的经济理论

（一）社会产品价值论

财务成本控制论以马克思的社会产品价值论为基本理论指导，其目的是为了揭示在社会化大生产条件下社会产品价值构成的基本含义，以及在社会主义条件下社会产品价值构成同企业现实产品价值的关系，从而为企业加强财务成本管理，切实转变企业经营机制奠定重要的理论基础。

（二）劳动价值论

马克思的劳动价值论是商品经济的理论基础，它同样适用于我国的社会主义市场经济。我们把马克思的劳动价值论作为财务成本控制论的理论基础用于社会主义市场经济中，其目的就是要引导企业采用现代科学技术和现代化管理方法，通过节约个别劳动消耗，降低成本，探索提高经济效益、增强企业活力的正确途径。

商品的价格以价值为基础。商品按等价交换原则进行交换。同一商品，不同生产者消耗的个别劳动时间不同，从而商品的个别价格也不同，但它们只能按社会必要劳动时间所决定的价格与其他商品相交换。如果某个商品生产者的个别劳动时间等于社会必要劳动时间，按同等价格相交换，那么他为生产这个商品所耗费的劳动时间，就能得到完全的补偿。因此，企业要想在竞争中取得优势，就必须进行财务成本控制。

财务成本控制论之所以把节约个别劳动消耗、降低产品成本作为研究对象，是因为只有通过节约产品个别劳动消耗，使产品个别价值低于社会价值，才能为社会创造出更多的财富，具有社会效益，使稀有资源得到最佳配置。否则，企业采取不正当的手段追求利润，依靠乱涨价获取超额利润，就是损害消费者和其他生产者的利益来增加自己的利益。

（三）货币时间价值论

财务成本从资金的角度看，它是一种资金的耗费或占用。既然成本是一种资金的耗费或占用，就应付出一定的代价。这种代价或者是作为成本被消耗掉而失去用作别的用途的机会，从而失去赚取其他收益的机会成本，失去机会收益，或者是因占用资金而付出利息。可见，作为资金耗费或占用货币表现的成本与资金的时间价值有着十分密切的关系。要想控制财务成本，就必须研究财务成本控制与货币时间价值之间的关系。过去，由于我国实行资金供给制，国有资金无偿占用、无偿调拨，人们缺乏货币时间价值观念，更谈不上在财务成本控制中运用货币时间价值理论了，这不能不说令人十分遗憾。

1. 货币时间价值的意义

资金在周转使用中为什么会产生时间价值呢？这是因为任何资金使用者把资金注入生产经营后，劳动者借以生产新的产品，创造新的价值，都会带来利润，实现增值。

资金的时间价值大小通常以利息率表示，其实际内涵是社会资金利润率。各种形式的利息率的水平，就是根据社会资金利润率确定的。但是，一般的利息率除了包括资金时间价值因素外，还包括风险价值和通货膨胀因素。

货币时间价值是经济活动中的一个重要概念，也是资金使用、耗费中必须认真考虑的一个标准。如果某项活动、物资占用在成本上的资金是借入的，且该项活动、物资创造的利润率还低于该资金的借入利息率，那么，将此笔资金耗费、占用在这项活动、物资上是得不偿失的；反之，则有利可图。

2. 货币时间价值存在的条件

资金（货币）时间价值产生的前提是商品货币经济的高度发展和借贷关系的普遍存在。具体来说，就是货币所有者同货币使用者分离，在资本主义条件下表现为资本分化为借贷资本和经营资本。

随着借贷关系的产生和发展，资本所有权同经营权发生了分离，资本分化为借贷资本和经营资本。这时，资金的时间价值就以人们看得见的形式——利息，在经济生活中广泛地发生作用。在资本主义社会中，一定量的资本投入雇佣劳动的生产过程，可以使自身增值，因此，资本具有带来剩余价值的使用价值。借用的时间越长，付出的报酬就越多。这种报酬就是利息。

3. 货币时间价值的来源

随着时间的推移，资金在运动中会不断增值，那么这种增值额源于何处？按照马克思的劳动价值学说，价值的增值只能是生产过程中工人劳动的结果，只能来源于生产资料同劳动的结合。资金是生产资料价值的货币表现，资金所代表的生产资料同劳动力相结合，才能创造新的价值。

4. 货币时间价值的基本计算

在企业财务成本控制中，尤其是资金的控制过程中，很多方面都需要计算货币的时间价值，以帮助进行控制决策。

（1）单利及其计算

单利是只对本金计提利息。资本无论期限长短，各期的利息都是相同的，本金所派生的利息不再加入本金计算利息。

单利终值指一定量的资本在若干期后包括本金和单利利息在内的未来价值。单里终值的计算公式为：

$$单利终值 = 现值 \times (1 + 计息期数 \times 利率)$$

单利现值指未来在某一时点取得或付出的一笔款项，按一定折现率计算的现值的价值。单利现值的计算公式为：

$$单利现值 = 终值 \div (1 + 计息期数 \times 利率)$$

（2）复利及其计算

复利是指资本每经过一个计息期，要将该期所派生的利息再加入本金，一起计算利息，俗称"利滚利"。

复利终值指一定量的资本按复利计算在若干期后的本利和。复利终值的计算公式为：

$$复利终值 = 现值 \times (1 + 利率)^{计息期数}$$

复利现值指未来在某一时点取得或付出的一笔款项按复利计算的现值的价值。复利现值的计算公式为：

$$复利现值 = 终值 \times (1 + 利率)^{-计息期数}$$

（3）年金终值和年金现值的计算

年金是指一定时期内每期相等金额的收付款项。折旧、租金、利息、保险金、养老金等通常都采取年金的形式。年金的付款方式有多种，每期期末付款的年金，称为后付年金，即普通年金。这里仅就普通年金的终值和现值的计算加以说明。

普通年金终值犹如零存整取的本利和，指在一定时期内每期期末收付款项的复利终值之和。普通年金终值的计算公式为：

$$普通年金终值 = 年金 \times \frac{(1 + 利率)^{计息期数} - 1}{利率}$$

普通年金现值指为在每期期末取得相等金额的款项，现值需要投入的金额，是一定时期内每期期末收付款项的复利现值之和。普通年金现值的计算公式为：

$$普通年金现值 = 年金 \times \frac{1 - (1 + 利率)^{-计息期数}}{利率}$$

三、财务成本控制的方法论

（一）马克思主义哲学

马克思主义哲学是关于自然、社会和人类思维领域最一般发展规律的科学，它既是科学的世界观，又是科学的方法论。

马克思主义哲学作为科学的方法论，主张用联系的、发展的、整体的、对立统一的观点来观察、研究一切事物和社会发展史；强调具体问题具体分析，用不同的方法解决不同的矛盾。

辩证唯物论科学地回答了"世界的本原是什么"的命题，并从这一命题的物质前提出发，强调在实际工作中必须坚持一切从实际出发，实事求是的工作方针。财务成本控制是一门应用性很强的技术科学，因此，对财务成本控制问题的研究及其解决方法的拟定都要密切联系企业的实际经济情况，要脚踏实地，实事求是。

唯物辩证法认为，世界上没有绝对孤立的事物，一切事物都处于相互联系和相互作用之中，事物之间和事物内部的相互作用必然引起事物的发展变化。唯物辩证法主张用发展的观点来考察和研究一切事物。财务成本控制的方法体系是对财务成本控制工作实践的科学总结，因此，它必然随着生产力的发展而产生和发展变化，并随着人们对财务成本控制工作规律性认识的深化而不断提高和完善。

（二）现代信息科学

如果说马克思主义的唯物辩证法和辩证唯物论为财务成本控制提供了一

般的方法论基础，那么现代信息科学则为财务成本控制提供了具体的方法论基础。现代信息科学是一个学科群体，其中主要包括"老三论"，即系统论、信息论、控制论和"新三论"，即协调论、耗散结构论、突变论。

近百年来，随着生产力的发展，科学技术突飞猛进，人们对学科知识的认识也得到了深化。学科之间出现了不断分化和相互渗透、综合的现象，自然科学和社会科学之间相互融合，出现了一些横断科学。

1. 系统论同财务成本控制的关系

一般系统论首先是由奥地利生物学家路德维希·冯·贝塔朗菲（LudWig Von Bertalanffy）在1947年提出来的。他总结了生物机体发展的成就，提出了系统观点、动态观点和等级观点，从而为系统工程的发展，为使人类走向系统时代，奠定了理论基础。

控制论首先是从系统的角度来研究控制对象的。一般来说，凡是由两个以上的因素组合而成并具有一定结构的整体都可看成是一个系统。作为一个系统，它应该具备五个方面的特点：①整体性：系统是一个不可分离的整体，整体系统的功能要比它的所有分系统的功能的总和还要大。②相关性：系统内的各要素是相互作用，相互联系的。③目的性：人工系统都具有目的性，都是为了达到一定的目的。④环境适应性：系统处于环境之中，环境的变化对系统有很大的影响，能经常同外界环境保持最佳适应的状态，才是理想的系统，不能适应环境变化的系统是没有生命力的。⑤层次性：系统都有一定的层次和结构。

用系统的观点来研究财务成本控制，就是把企业的财务成本控制工程看成是一个系统，是企业整个经营管理系统中的一个组成部分，这样，财务成本控制系统就具有整体性、相关性、目的性、层次性和环境适应性等系统特点。

财务成本控制系统为了对资源进行合理安排和有效使用，就要建立系统结构，即垂直分系统结构和水平分系统结构，这样，就能保证各个层次在财务成本控制中的协调统一和有效工作。高层结构着重于经营控制，中层结构着重于管理控制，基层结构着重于作业控制。

（1）财务成本指标系统。财务成本控制要贯彻全面性原则，就要求财务成本控制的指标必须全面，既有综合性的指标，又有分解的小指标；既有全企业的指标，又有车间、班组和岗位的指标；既有价值指标，又有实物指标和劳动指标。

（2）控制责任系统。有了全面的财务成本控制指标体系，必须有负责控制的单位和个人，不然的话，财务成本控制指标犹如一纸空文，不起作用。财务成本控制责任应按组织机构和干部配备分成两个方面：一方面是集体的财务成本控制责任，例如，专业管理部门负责本部门所应负责的控制指标，车间和班组负责本身承担的财务成本控制任务；另一方面是职工个人的财务成本控制责任，上至厂长、总会计师，下至科室专职管理人员和岗位工人，凡是同财务成本有关的人员，都要承担一定的财务成本控制责任，做到人人都有责任，事事都有人负责。

（3）指标执行系统。财务成本控制责任落实以后，各单位和职工个人就要认真执行财务成本控制指标，因此，就要明确各项指标应由谁来执行，如何执行，发生差距如何处理等问题，这也要形成一个系统，使财务成本控制指标的执行有条不紊地进行。

（4）指挥协调系统。在财务成本控制中，如果实际数同控制指标发生差距，要及时进行调节。而有些问题，控制单位本身可以调节，而有些问题，应该及时报告上级协调解决。

（5）信息资料系统。财务成本的信息资料包括各种核算凭证、账册、报表和有关财务成本的统计资料与调查资料。确定财务成本控制指标需要有足够的信息，不然，控制指标就可能脱离实际，起不到指导控制的作用。

在以上控制系统中，指标系统起到了接收器的作用，接收一定的控制任务；控制责任系统明确了财务成本控制的责任单位；指标执行系统起到了执行机构的作用，具体执行财务成本控制的任务；指挥协调系统起到了控制器的作用，指挥和协调财务成本控制的具体工作。

2. 信息论对财务成本控制的启示

最早信息论只是用于通信方面，后来信息论广泛渗透到其他学科，从而在现代科学技术发展中占有越来越重要的地位，在管理科学中也得到了广泛运用。物流是企业的主体，信息流是企业的神经脉络，企业管理机构好比人的大脑，大脑的功能实现离不开神经脉络，而企业的管理工作也离不开信息流。

在企业的生产经营活动中，从原材料的采购、储备到投入生产，经过一道道生产工序，直到最后制成产品，就是物质不断地改变其形态的过程，叫作物流。在物流中，随着每一道工序中物质状态的改变，产生了反映物质状态和特征的大量信息，这就是信息流。因此，在企业的生产经营过程中，存在着两种能源流，即物流和信息流，它们是两种不同的运动过程。物流是基本的运动过程，物流必须运转快，减少投入量，增加产出量，才能提高经济效益。财务成本控制实质上就是通过信息流来控制物流的过程，没有信息流，物流就会无法控制，信息流的任何堵塞，都会造成物流的混乱，财务成本控制就会无能为力。

信息反馈是控制论中的一个重要原理。利用信息反馈原理建立灵敏的财务成本信息资料系统是对财务成本进行有效控制的重要手段。整个财务成本控制过程就是财务成本信息的一个不断输入和输出、经过反馈再重新输入的循环过程，财务成本控制各个分系统在信息的驱动下，依次运行，上一个分系统财务成本信息的输出，就是下一个分系统财务成本信息的输入，这样，把财务成本控制各个分系统联结成一个有机整体。

现代化企业是一个复杂的大系统，存在着大量的各种各样的信息，必须把信息及时传输给各有关单位，才能把财务成本控制好。灵敏的财务成本信息资料系统必须注意信息周转各个环节的密切配合。首先要收集原始信息，这是基础，原始信息不真实，整个信息资料系统就会陷入混乱。其次是信息加工，要通过整理加工，使其成为符合财务成本控制要求的有用信息。再次是信息传递，要及时而迅速地把信息传递出去，必要时还要把信息存贮起来，存贮的同时，还要建立一套信息检索方法，以便于查找。最后要有健全的信息反馈组织。

3. 控制论对财务成本控制的启示

1948 年，美国数学家诺伯特·维纳（Norbert Wiener）发表了《控制论（或关于在动物和机器中控制和通讯的科学）》的专著，这是控制论的一部奠基性著作，它标志着控制论这一新兴学科的诞生。

几十年来，控制论的发展很快，不断向各门学科渗透，已经形成了以理论控制论为中心的四大分支，即：工程控制论、生物控制论、社会控制论和智能控制论。

控制论对财务成本控制具有以下三方面影响。

（1）首先，控制论从理论上给财务成本控制以很大的启示。从控制论的角度来研究财务成本控制，就是要把财务成本控制看成一个系统，看成是一种经济行为的控制。经济行为通常是以经济系统的输入和输出的关系来进行描述的。不论其关系是什么，这里需要认识到的是，其共性是该经济系统都必须有自己的目的。

（2）其次，控制论为财务成本控制的组织形式指出了方向，特别是大系统的控制结构。一个大型企业的财务成本控制属于一个大系统，它具有如下特点：第一，规模庞大，包括许多分系统；第二，结构复杂，各个分系统之间的业务纵横交错，往来频繁；第三，功能综合，一个系统往往有许多个目标，而且目标之间有时会出现矛盾；第四，因素众多，外界环境时常发生干扰。

（3）最后，控制论对财务成本控制的方法和手段，给予了十分有益的引导。"黑箱"是早期经典控制论的一种重要方法，根据这种方法，不需要考虑系统的内部结构和状态，只要知道系统的输入和输出值就可进行控制。在一个庞大的财务成本控制系统中，我们不可能对所有分系统都了如指掌，所以，有些地方还要采用"黑箱"的方法进行控制，即下达财务成本目标和检查财务成本目标的完成情况，对于系统的内部状态由分系统自行掌握。

随着控制论的发展，另一种方法——"白箱"已成为现代控制论的重点。"白箱"要研究的是系统状态的可控性和可观性，要经常测量系统的状态，广泛应用数学方法，由定性研究转为定量研究。

在控制论中，通过系统的输出值同目标值之间的差距来对系统进行控制，是控制方法发展的重要阶段，这种控制叫作反馈控制，被应用于许多自然和经济控制系统。

通过以上所述，可见控制同系统、信息是紧密相连的。财务成本控制的对象是一个系统，必须用系统的观点和方法去分析、组织和实施，才能达到控制的目的。而控制则是管理的基础，一个系统若没有控制，它就会盲目发展。

第二节 财务成本控制的内容与原则

一、财务成本控制的基本原则

财务成本控制的基本原则是对财务成本控制实务工作经验的总结，是可以指导财务成本控制实践的基本规范。

（一）全面控制和重点控制相结合的原则

这是从财务成本控制的空间范围而言的，即要求财务成本控制做到点面结合，点和面的统筹兼顾，既不能不分主次，眉毛胡子一把抓，又不能只见树木，不见森林，而一叶障目。

首先，在财务成本控制中，要对财务成本进行全面控制，不能只考虑某个方面。一是全员的控制，即人人都要参加财务成本控制，从厂部、车间领导到管理部门，甚至每个职工都要参加成本控制，凡是企业中同财务成本活动有关的单位和职工，都要按照财务成本控制指标严格把关。二是全要素的控制，即财务成本的所有要素，包括资金流量、成本费用、收入、利润等都要加以控制。

其次，在财务成本控制中要有所选择、有所侧重，在全面控制的基础上，对重要的财务成本构成项目、内容要施加详细的控制，而对于一般的、不太重要的财务项目，可以进行合并控制，施加粗线条的管理。

（二）日常控制和定期控制相结合的原则

这是从时间范围的角度而言的。企业的生产经营活动是连续不断进行的，企业的财务成本活动也因此而每时每刻都在发生，对财务成本进行控制要求在企业生产经营活动的过程之中进行，即加强日常控制。日常控制紧密结合企业生产经营实际情况进行，发现偏差，及时纠正，一旦发现损失浪费的苗头可以将其消灭在萌芽状态之中。定期控制是按固定的时间间隔检查与控制。

定期控制侧重于期末的盘点控制与定期检查，可以节省人力、物力，但往往不能揭示损失、浪费和贪污盗窃等情况；而日常控制侧重于平时的即时控制，但工作量较大，因此，必须很好地将两者结合起来。只有这样，财务成本控制才有切实的保障。

（三）定性控制和定量控制相结合的原则

财务成本的定性控制也就是从质的规定性上对财务成本进行控制，即从大的方面把握企业成本的开支范围是否符合国家的财务制度，费用项目列支是否符合行业财务制度的规定，日常的财务成本活动是否有章可循，成本的节约与浪费是否奖罚分明。财务成本监督实际上也就是对财务成本的质的控制，这种定性控制是通过账务监督、制度监督和群众监督等方式完成的。财务成本的定性控制只能保证开支范围符合有关法规规定和财务成本目标范围的要求，不能保证其开支大小也符合有关标准、要求，而定量控制则相反。

（四）专业控制和群众控制相结合的原则

要搞好财务成本控制，必须把专业控制和群众控制很好地结合起来。一方面，专业控制是指企业的财务成本控制工作要由专业部门来组织，财务成本控制的方法和手段要由专业部门来拟定，财务成本控制中发生了问题，要由专业部门来帮助解决。另一方面，财务成本控制又是一项群众性工作，广大职工生产在第一线，他们最了解生产经营实际情况，最关心自己的劳动成果，依靠群众参加控制，就能使控制具有广泛的群众基础，就能更好地激发广大职工的积极性、主动性和创造性，自觉地把财务成本控制好。

（五）责权利相结合的原则

财务成本控制是加强经济核算，落实、巩固经济责任制的重要手段，所以也必须贯彻责、权、利相结合的原则。"责"是要完成财务成本控制指标的责任；"权"是责任承担者为了完成财务成本控制指标，对必须采取的措施所应具有的权限，即实施控制的权力；"利"是根据财务成本控制指标完成的好坏给予责任承担者的奖惩。在财务成本控制中，有责就应该有权，不然就不能完成所分担的责任；有责还应该有利，才具有推动责任承担者努力履行职责的动力。要对各个单位在财务成本控制中所承担的责任进行严格考核，调动他们在财务成本控制中的积极性和主动性。

此外，在财务成本控制中还要注意物质鼓励和精神鼓励相结合原则的运用。物质鼓励和精神鼓励都是企业经营激励机制。两者互相结合，不可相互取代。物质鼓励是社会主义物质利益原则在企业管理中的具体体现。精神鼓励是一种荣誉鼓励，是对职工心理需求的满足，它同样起着激励作用，往往更能调动职工的积极性。

二、财务成本控制的内容

（一）资金控制

资金控制主要包括流动资金控制、固定资产投资控制、资金来源和结构控制三个方面。其中，流动资金控制的主要内容有流动资金归口分级控制责任制度、存货控制、现金控制、应收账款控制等。固定资产投资控制包括投资项目可行性研究、固定资产投资方案评价、投资决策及其控制。

（二）成本费用控制

成本费用控制是财务成本控制的核心内容，它控制的好坏直接决定着整个财务成本控制工程的成功与否。成本费用的发生贯穿于企业生产经营活动的全过程，因此，凡是有成本费用发生的地方就应该实施成本控制。

（三）收入控制

收入主要是指企业销售产品和提供劳务所取得的现金或现金等价物流入量。由于销售收入是由销售价格和销售数量两部分共同形成的。因此，对销售收入进行控制，主要是对销售价格和销售数量进行控制，主要包括工业品价格预测、商品价格预测，各种情况下的商品销售量预测和对销售货款的控制。其中对销售货款的控制具有十分重要的意义，主要采取责任控制、合同控制和货款回收控制等具体措施来实现。

（四）利润控制

利润是企业销售收入与各种成本费用直接配比的结果，是最能体现财务成本控制成绩的财务成果指标。对利润实施控制，可以巩固财务成本控制的最终成果，可以考核各财务成本控制中心的业绩，可以分析影响企业利润升降的具体原因，有针对性地采取措施，巩固成绩，克服薄弱环节，挖掘潜力，为进一步提高企业经济效益奠定基础。

第三节 财务成本控制的方法

一、制度控制法

没有规矩不成方圆。制度是做任何实际工作、解决任何实际问题的准绳。财务成本控制涉及多方面的利益，是经济利益冲突的焦点，更需要有规章制度去约束，去规范。

制度控制法是通过制定企业财务成本活动规范而进行控制的一种方法。这就要求企业以国家的法令、政策以及有关部门和企业所制定的制度为标准，监控企业的财务成本活动。为避免执行不适当的制度而给企业带来消极性的影响，除国家法令、条例等法规性制度之外，企业在制定内部财务成本制度时，应注意制度本身的实效性。

二、定额控制法

定额控制法是通过制定定额，并以定额为依据，制约企业的财务成本活动，监督和调节实际与定额之间的差异，分析产生差异的原因，及时矫正偏差的方法。定额本身就是控制的标准，因而它也带有强制性。

定额控制法是财务成本控制中应用最普遍的方法之一，按定额控制的内容可分为资金定额、费用定额、开支定额、物料消耗定额等。定额控制是通过定额指标与发生指标之间的对比，揭示将要发生的财务成本活动与规定标准的差异，从而避免差异，或者将不能避免的差异通过信息反馈，传达到企业决策机构，以迅速作出调节企业财务成本活动的指令，保证企业经济活动的有效正常进行。

三、计划控制法

计划控制法，也称预算控制法，即通过编制计划（预算）来确定计划期的控制目标，并规定为达到计划指标而需要通过的途径和采取的措施。由于计划（预算）是有一个执行期间的，在计划（预算）的执行期内，企业要按计划（预算）所规定的时间顺序，有阶段地实行监控。固定程序控制是指确定控制目标，并按该目标决定企业财务成本行为的程序。弹性程序控制与固定程序控制不同，弹性程序控制要在既定的控制过程中，随时接收受控环节所反馈的信息，以补充调整原定的控制程序，并可以根据需要改变原先的计划指标。

四、目标控制法

目标控制法，就是通过制定最终目标而进行控制的一种方法。目标控制与计划控制法的区别在于：计划控制既包括最终要达到的控制目标，也包括为达到最终目标所需要通过的途径和采取的具体措施。而目标控制只规定一定范围内的最终目标，并不预先规定要通过的途径和采取的措施。

五、责任控制法

从广义的角度看，责任控制法就是通过建立各种经济责任制，划分各级责任层次，将所要控制的责任目标层层分解，形成各个部门、岗位、个人的责任目标，以责任的内在运行机制，即利的诱惑和责的压力进行调节，使各个责任中心变外在压力为内在动力去自觉地控制责任目标的完成，以达到责任目标控制的最终目的。从狭义的财务成本控制角度看，责任控制法就是通过建立财务成本控制责任制，明确财务成本控制体系中各个岗位的职责，按照分工负责的原则，确定具体的目标，从厂长、各职能科室、车间、班组到第一线职工都有各自在财务成本控制过程中的经济职责，并以此作为经济责任制的一项重要内容，定期进行核算、反馈和考核，来进行财务成本责任控制的一种方法。

（一）划分责任中心

责任中心是财务成本控制责任的承担者和履行者，也是实施责任控制的主体。划分财务成本活动责任中心是实施财务成本责任控制的基本前提。可控和合理负担是划分责任中心的基本原则，责任中心的划分要有利于责任的落实、监控和考核。

（二）归集、分配财务成本责任

在实际财务成本活动发生的过程中，以责任中心为对象，运用责任会计的一套专门方法归集、分配所发生的资金、收入、成本、费用和利润，形成责任中心的财务成本责任。归集、分配责任是运用责任控制法控制财务成本的关键环节。

（三）编制业绩报告，严格进行考核

通过责任会计制度核算出各责任中心的财务成本责任，分别按责任项目列表报告出来，供有关部门对责任制度的遵守情况，各责任中心的责任履行情况进行了解、掌握，据以分析财务成本控制方面的有利因素和不利因素，挖掘潜力，决定财务成本控制方面的奖惩，它是责任控制法的最后一个程序。所以最高管理部门应得到经过汇总的全部报告，而不是各个下属部门的可控责任具体报告。

六、内部控制法

内部控制法就是运用内部控制的一系列措施、程序和步骤，通过其内在相互制约的机制，对企业生产经营活动的各个方面施行控制，使企业的各种经营管理活动在预定的轨道上运行，达到预定的生产经营目标的一种管理方法。

（一）内部控制法的运行要素

内部控制法能有效地发挥作用，需要其内部构成要素的相互配合、相互协调，结构合理的构成要素的综合运行能够发挥协调性的效果。内部控制法的运行要素有很多，其中最主要的是控制环境、会计体系和控制程序。

1. 控制环境

控制环境指各种内部控制制度运行的环境，控制环境主要包括以下四个方面。

（1）企业管理人员的经营管理风范。例如，最高管理层的经营风险意识及方针、策略，对会计信息资料的重视程度及运用能力，各级管理人员对各类经营目标的重视程度和工作方法等。

（2）企业的组织结构。企业的组织结构是对企业经营进行计划、指挥和控制的组织基础，其核心问题是进行合理的职责分工。包括：①经济业务处理的分工。即一项经济业务的全部过程不应由一个人或一个部门单独处理。②资产记录与保管的分工。实行这种分工，以保护资产的安全完整。③各职能部门具有相对独立性。

（3）内部审计机构。强化内部控制的一项基本措施，是发挥内部审计机构及其人员的作用，内部审计工作的职责不仅包括审核会计账目，还应包括稽查、评价内部控制制度的完善性和企业各内部组织机构执行指定职能的效率，并向企业最高管理部门报告。

（4）用人政策。无论内部控制制度设计得如何完善，若没有称职的人员来执行，也不能充分发挥其作用。企业的用人政策直接影响着企业能否吸收有较高能力的人员来完成企业目标，也直接影响着企业内部控制的有效性。

2. 会计体系

完善的内部控制，不仅要有合理的组织机构，还必须有健全的会计体系。健全的会计体系包括以下五项内容。

（1）可靠的内部凭证制度。要做好企业各部门、各单位经营活动的记录工作，首先要设计一套有利于完善内部控制的凭证。内部凭证的基本要求是种类齐全、内容完整、连续编号。种类齐全是指企业的一切经营活动都需要通过一定的凭证来加以反映，不应使某一经营活动处于凭证的监督控制之外。内容完整是指在具体设计各类凭证式样时，不仅要使凭证能够全面反映特定经济业务的情况，还要能够反映出几个部门共同处理一项经济业务的情况。连续编号是指对已发出号码加以控制，企业的重要凭证、有价单证必须采用此方法来控制。

（2）完整的簿记制度。这是指在可靠的内部凭证制度基础上，建立完整的账簿和报表制度，确保会计记录的严密性。

（3）严格的核对制度。包括凭证之间的核对，凭证和账簿之间的核对，账簿之间的核对，账簿和报表之间的核对等，建立严格的核对制度有利于及时发现并改正会计记录中的错误，做到证、账、表三者相符。

（4）合理的会计政策和会计程序。企业在遵守国家制定的会计准则的基础上，从本企业会计工作实际出发，建立自己合理的会计政策和会计程序，对这些会计政策和会计程序，应以书面文字加以说明，这样，不仅有利于企业有关人员了解处理日常会计事项的程序和方法，也有利于企业会计政策的前后一致性和连贯性。

（5）科学的预算制度。预算是对未来经济活动、财务状况、经营成果的定量性计划。为了使预算建立在对未来的科学预测基础之上，并尽可能地与实际相符，企业需要对未来业务做出全面的预测。

3. 控制程序

控制程序是除控制环境和会计体系以外，管理部门建立的用以实现其特定控制目的的各项程序。各类企业都建立有许多这样的控制程序，其主要内容包括以下五个方面。

（1）职责的恰当分离。即对于交易活动的批准、交易活动的主办、交易活动的记录和资产的保管等指定不同的人分别负责。

（2）恰当的审批手续。交易业务都必须经过授权、审批，才能达到令人满意的内部控制效果。

（3）设计并使用适当的凭证和记录。凭证的功能，是在企业内部和企业之间传递信息，凭证的设计和使用必须能保证全部资产已得到恰当控制，全部交易业务已得到正确记录。

（4）资产和记录的保管制度。保护资产和记录安全的最重要措施就是采取实物防护措施。凭证和记录也需要进行实物安全保护，因为要重新建立丢失的或损坏的记录和凭证，代价极其昂贵，所以对凭证和记录妥善保管也是极为重要的。

（5）业务的独立检查。最后一道控制程序，是对上述内容进行全面、经常的复核。包括记账的审查，编制调节表，资产与会计记录的核对，以及管理部门对明细账汇总报告的复核等。

（二）内部控制法的基本特点

1. 综合性

内部控制系统几乎包括了企业生产经营活动的各个方面，因而内部控制涉及内容多，牵涉面广，具有综合性的特征。内部控制法所运用的措施、步骤和程序并没有一个固定的格式，需视内部控制法所针对的具体生产经营活动而定，即内部控制法作为一个系统性的方法所运用的具体方法很多，从这个意义上说，内部控制法是一个根本性的控制方法。

2. 制衡性

所谓内部控制法的制衡性特征，是指内部控制法主要依靠内部控制制度内在的、自动的相互制约、相互监督的功能对企业的生产经营活动进行监控的特征。

（三）内部控制法的作用及局限性

内部控制法的最大优点就是可以提高企业组织机构的经营效率。具体来说，内部控制法的主要作用体现在保护企业资金的安全、完整与有效运用；提高经济核算的正确性与可靠性；推动和考核企业管理当局各项方针、政策的贯彻施行；评价企业经营绩效，提高企业管理水平。

尽管内部控制法在提高企业经营效率方面有很大的促进作用，但还应认识到内部控制法本身固有的局限性，以便更好地发挥内部控制法的作用。其局限性主要表现在：①企业管理当局施行内部控制要考虑成本效益原则。②内部控制法所采取的措施一般都是针对那些有可能经常发生的事项而设置的，而不适用于那些非经常性发生的事项。③即使很有效的内部控制制度，也可能因执行人员的错误理解、粗心大意或其他人为因素而失灵。④一旦负有不同职责的职员共谋舞弊，也会使内部控制失去其有效性。

第四节　财务成本控制技术

一、变动成本法与完全成本法

（一）变动成本法的计算

采用变动成本计算法计算产品成本是适应生产经营规划决策的一大改革，有利于进一步挖掘企业的生产潜力，使企业获取更多的经济效益。变动成本计算法又称直接成本计算法。

1. 变动成本法的含义

变动成本法在计算产品成本时，只包括产品生产过程直接消耗的直接材料、直接人工和变动性制造费用，而不包括固定成本。变动成本法是随着企业经营环境的改变，竞争的加剧，人们意识到传统的成本计算越来越难以满足企业内部管理的需要。

变动成本计算是指在组织常规的产品成本计算过程中，以成本性态分析为前提，将变动生产成本作为产品成本的构成内容，而将固定生产成本及非生产成本作为期间成本，按贡献式损益确定程序计量损益的一种成本计算模式。

变动成本计算产生以后，人们就把传统的成本计算模式称为完全成本计算，即在产品成本计算，是把直接材料、直接工资、变动性制造费用与固定性制造费用全部计入产品成本和存货成本，期间成本只包括非生产成本。

2. 变动成本计算法的作用

变动成本计算法能提供每种产品的盈利能力资料。每种产品的盈利能力资料，是管理会计要提供的重要管理信息之一。因为利润的规划和经营管理中许多重要的决策，都要以每种产品的盈利能力作为考虑的重要依据。而每种产品的盈利能力可通过其"贡献毛益"来综合表现。所以，各种产品的贡献毛益正是其盈利能力的表现，也是它对企业最终利润所做贡献大小的重要标志。而产品贡献的确定，又有赖于变动成本的计算。

它可为正确地制定经营决策以及进行成本的计划和控制提供许多有价值的资料。以贡献毛益分析为基础，进行盈亏临界点和本量利分析，有助于揭示产量与成本变动的内在规律，找出生产、销售、成本与利润之间的依存关系，并用于预测前景、规划未来。

变动成本计算便于和标准成本、弹性预算和责任会计等直接结合。在计划和日常控制的各个环节发挥重要作用。变动成本与固定成本具有不同的成本性态，对于变动成本可通过制定标准成本和建立弹性预算进行日常控制。

变动成本计算区别于完全成本计算，将固定性制造费用作为期间成本来处理，是基于以下理由：产品成本应该只包括变动生产成本。管理会计中，产品成本应是那些随产品实体的流转而流转，只有当产品销售出去时才能与相关收入实现配比，得以补偿的成本。按照变动成本计算的解释，产品成本必然与产品产量密切相关，在生产工艺没有发生实质性变化，成本消耗水平不变的情况下，发生的产品成本总额应当随着完成的产品产量成正比例变动。在管理会计中，期间成本是指那些不随产品实体的流转而流转，而是随企业生产经营持续期间长短而增减，其效益随时间的推移而消逝，不能递延到下一期，只能于发生的当期计入损益表，由当期收入补偿的成本。固定性制造费用主要是为企业提供一定的生产经营条件而发生的，这些条件一经形成，不管其实际利用程度如何，有关费用照样发生。因此，固定性制造费用应当与非生产成本同样作为期间成本来处理。

（二）完全成本法的计算

1. 完全成本法的含义

完全成本法是指在计算产品成本和存货成本时，把一定期间内在生产过程中所消耗的直接材料、直接人工、变动制造费用和固定制造费用的全部成本都归纳到产品成本和存货成本中去的计算方法。

完全成本法是将所有的制造成本，不论是固定的还是变动的，都吸收到单位产品上，所以这种方法也称为"归纳（或吸收）成本法"。在完全成本法下，单位产品成本受产量的直接影响，产量越大，单位产品成本越低，能刺激企业提高产品生产的积极性。但完全成本法不利于成本管理和企业的短期决策。

2. 完全成本计算法的作用

完全成本法符合公认的会计准则，完全成本法基于传统的成本概念，从成本价值补偿的角度来看，将所有的制造成本都计入产品的成本，有利于编制财务报表，可以直接得出产品的总单位成本，计入期末存货，同时在我国的税法和会计原则中，完全成本法是唯一认可的计算成本的核算制度。

完全成本法按传统损益程序，将所有的成本划分为制造成本（生产成本，包括直接材料、直接人工和制造费用）和非制造成本（包括管理费用、销售费用和管理费用），将全部制造成本计入产品的成本，而将非制造成本计入期间费用，全额计入当期损益。期末计价，库存产成品的产品构成也包含了固定制造费用。

完全成本法符合企业会计准则和税法的要求，所反映的信息更多的是外部财务报告（利益相关者）需要，为纳税申报服务。

一方面，完全成本法强调生产环节对企业利润的贡献，由于完全成本法下固定性制造费用被归集为产品成本，在客观上强调生产对于利润的贡献；另一方面，完全成本法强调固定性制造费用对企业利润的影响。

3. 两种成本计算的比较

变动成本法与完全成本法之间大致有以下三方面的区别：应用的前提条件不同，产品成本及期间成本的构成内容不同；销货成本及存货成本的水平不同，销货成本的计算公式不完全相同；损益计算程序不同，提供信息用途不同。

（1）应用的前提不同。完全成本计算把全部成本按其经济用途分为生产成本和非生产成本。凡在生产环节为生产产品发生的成本就归属于生产成本，最终计入产品成本；发生在流通领域和服务领域，由于组织日常销售或进行日常行政管理而发生的成本则归属于非生产成本，作为期间成本处理。变动成本计算是以成本性态分析为基础，将全部成本划分为变动成本和固定成本两大部分。

（2）成本的比较。在变动成本计算中，固定性制造费用被作为期间成本直接计入损益表，无须再转化为销货成本和存货成本，销货成本和存货成本中只包括变动生产成本。采用完全成本计算时，将全部生产成本在已销产品和存货之间进行分配，从而使一部分固定性制造费用被期末存货吸收并递延到下一会计期间，另一部分则作为销货成本的一部分被计入当期损益。

（3）损益确定程序上的比较。完全成本计算以成本按经济用途分类为前提，首先用销售收入扣减已销产品的销货成本，计算出销售毛利，然后用销售毛利减去非生产成本，从而确定出营业净利润。

（三）两种成本计算方法的差异

1. 两种成本计算的利润出现差额的根本原因

从上述分析中可以看出：即使前后期成本水平、价格和存货计价方法等都不变，两种成本计算的分期营业净利润可能相等，也可能有差异；两种成本计算的营业净利润差额的变化并非取决于产销之间的平衡关系。需要说明的是，当产量不变，或销量不变时，如在产大于销时，完全成本计算的营业净利润大于变动成本计算的结果；反之，产小于销时，完全成本计算却小于变动成本计算的结果。

通过对两种成本计算中成本的流程以及营业净利润的计算公式比较分析，可以发现：销售收入在两种成本计算中，计算及结果完全相同，不会导致两者间营业净利润出现不相等。尽管两种成本计算对非生产成本计入损益表的位置和补偿途径不同，但实质相同，都是将其作为期间成本，在当期收入中全部扣除，因而也不会导致两种成本计算营业净利润之间出现差额。只有固定性制造费用在两种成本计算中处理方式不同。这是两种成本计算的直接区别。完全成本计算将固定性制造费用分配计入产品成本，随产品实体的流转而流转。而变动成本计算将其作为期间成本的一部分，直接计入当期损益。

两种成本计算的分期营业净利润出现差额的根本原因在于两种成本计算计入当期损益的固定性制造费用水平不同。因为在变动成本计算中，在其他条件不变的情况下，只要某期完全成本计算中期末存货吸收的固定性制造费用与期初存货释放的固定性制造费用的水平不同，就意味着两种成本计算计入当期损益表的固定性制造费用的数额不同，结果必然会使两种成本计算的当期营业净利润不相等。如果某期完全成本计算中期末存货吸收的固定性制造费用与期初存货释放的固定性制造费用的数额相等，就意味着两种成本计算计入当期损益表的固定性制造费用数额相同，即当期发生的制造费用数额相等。

2. 两种成本计算的利润差额的变化规律

若完全成本计算期末存货吸收的固定性制造费用等于期初存货释放的固定性制造费用，则两种成本计算确定的营业净利润必然相等，其差额等于零。对上面反映两种成本计算分期营业净利润出现差额根本原因的公式进行整理，即可得下式：

$$\begin{array}{l} \text{两种成本计算当期} \\ \text{营业利润差额} \end{array} = \begin{array}{l} \text{完全成本计算期末存货的单位} \\ \text{固定性制造费用期末存货量} \end{array} - \\ \qquad\qquad \begin{array}{l} \text{完全成本计算期初存货的单位} \\ \text{固定性制造费用期初存货量} \end{array}$$

用完全成本计算期末及期初存货量以及它们各自单位产品所包含的固定性制造费用这四项因素，来计算两种成本计算的分期营业净利润的差额，就是差额的简单算法，利用简单算法公式，有助于了解产销平衡关系与营业净利润差额之间的联系。

当期末存货量不为零，而期初存货量为零时，完全成本计算确定的营业净利润大于变动成本计算确定的营业净利润。其差额等于本期单位固定性制造费用期末存货量。

当期末存货量为零，而期初存货量不为零时，完全成本计算确定的营业净利润小于变动成本计算确定的营业净利润。此时，期初存货释放的固定性制造费用大于零，而期末存货吸收的固定性制造费用为零，前者大于后者，所以，完全成本计算与变动成本计算确定的营业净利润差额就会小于零。

当期末存货量和期初存货量均为零，即产销绝对平衡时，两种成本计算确定的营业净利润相等。此时，完全成本计算时，期初期末存货中均未含任何成本，亦即所含固定性制造费用也为零。

当期末存货量和期初存货量均不为零，而且其单位产品所包含的固定性制造费用相等时，两种成本计算所确定的营业净利润之间的关系取决于当期的产销平衡关系。当期末存货量和期初存货量相等时，完全成本计算时期初存货释放至当期的固定性制造费用数额与期末存货吸收至下期的数额相等。两种成本计算确定的营业净利润相等。其差额等于单位固定性制造费用存货增加量。

当期末存货量和期初存货量均不为零，而且其单位产品所包含的固定性制造费用不相等时，两种成本计算的分期营业净利润差额与产销平衡关系并无规律性联系。但其差额仍可按上述的简算公式进行计算，即：

$$\begin{array}{c}\text{两种成本计算的营业} \\ \text{净利润之差额}\end{array} = \begin{array}{c}\text{期末存货中单位固定性} \\ \text{制造费用期末存货量}\end{array} - \begin{array}{c}\text{期初存货中单位固定性} \\ \text{制造费用期初存货量}\end{array}$$

3. 变动成本法的特点

（1）变动成本计算的优点。

①能提供有效的管理信息，强化企业的经营管理。变动成本计算所提供的变动生产成本和边际贡献资料，对企业的经营管理最为有用。因为它们揭示了业务量与成本变化的内在规律。找出了生产、销售、成本和利润之间的依存关系，提供了各种产品盈利能力等重要信息。

②促使管理当局重视销售环节，防止盲目生产。采用变动成本计算，不但可以排除产量变动对单位产品成本的影响，也同样便于分析企业的利润指标。

③可以简化产品成本计算。采用变动成本计算，把固定性制造费用列作期间成本，从边际贡献中扣除，这样就使产品成本计算中的费用分摊工作大大简化，且可以减少成本计算中的主观随意性。

④变动成本计算是将生产成本按成本性态分为变动成本和固定成本，更符合期间配比原则。

⑤便于分清各部门的经济责任，有利于进行成本控制与业绩评价。

（2）变动成本计算的局限性。

①采用变动成本计算时会影响有关方面的利益。由完全成本计算改为变动成本计算时，一般要降低期末存货的计价，因而也就会减少企业当期的利润，从而会暂时减少国家的税收收入和投资者的股利收益，影响有关方面及时取得收益。

②变动成本计算不能适应长期决策的需要。长期决策要解决的是增加或减少生产能力，以及扩大或缩小经营规模的问题。

③变动成本计算不符合传统的成本概念的要求。有人认为成本是为了达到一个特定的目的而已发生或可能发生的以货币计量的牺牲。

④变动成本计算不便于定价决策。在进行产品定价决策时，既应考虑变动成本，也应考虑固定成本，它们都应该得到补偿。

4. 完全成本计算的特点

（1）完全成本计算的优点。完全成本计算是在事后将间接成本分配给各产品，反映了生产产品发生的全部耗费，以此确定产品实际成本和损益，满足对外提供报表的需要。由于它提供的成本信息可以揭示外界公认的成本与产品在质的方面的归属关系，有助于扩大生产，能刺激生产者的积极性，因而广泛地被外界所接受。二战后，西方企业迅速增加固定资产投资规模，使固定生产成本在产品成本中的比重大大提高；而提高产量，就降低了单位产品负担的固定成本，从而使产品成本降低。

（2）完全成本计算的缺点。

①完全成本计算下的单位产品成本不仅不能反映生产部门的真实业绩，而且也会掩盖或扩大其生产实绩。

②采用完全成本计算所确定的分期损益，其结果往往难于为管理部门

所理解，甚至会鼓励企业片面追求产量，盲目生产，造成积压和浪费。有时尽管每年的销售量、销售单价，成本消耗水平等均无变动，但只要产量不同，其单位产品成本和分期营业净利润就会有很大差别，这是令人费解的。

③采用完全成本计算，由于销售成本未按成本性态将变动成本和固定成本分开，因而在预测分析、决策分析和编制弹性预算时就很不方便。对于固定性制造费用，往往需要经过繁复的分配手续，而且受会计主管人员的主观判断的影响。

完全成本计算是依据公认的会计原则来汇集企业在一定期间所发生的生产费用，并据以计算和确定产品成本和分期损益，它主要适用于财务会计系统，用于编制对外财务报告。而变动成本计算是为了满足企业内部经营管理的需要，对成本进行事前规划和日常控制而产生的，它主要适用于管理系统，用来编制对内管理报告，为决策提供有用的信息。比较现实可行的办法是按照单轨制的原则，将两种成本计算结合起来，即在日常按变动成本计算组织核算，随时提供能够满足企业内部需要的管理信息。然后定期将变动成本计算确定的成本与利润信息调整为按完全成本计算模式反映的信息资料，以满足企业外部信息利用者的需要。

二、分批法与分步法

（一）分批成本法

1. 含义

分批成本法是指以产品生产的批别或者客户的定单作为成本计算对象，并据以归集生产费用，计算各个批别产品的总成本以及单位成本的一种成本计算方法，又被称为成本计算订单法。这种方法适用于单件小批量、多品种的产品生产，因而还被称为成本计算订单法的生产类型。

2. 适用范围

这种方法适用于小批生产和单件生产，例如精密仪器、专用设备、重型机械和船舶的制造，某些特殊或精密铸件的熔铸，新产品的试制和机器设备的修理，以及辅助生产的工具模具制造等。

实际工作中还采用一种按产品所用零件的批别计算成本的零件分批法：先按零件生产的批别计算各批零件的成本，然后按照各批产品所消耗各种零件的成本，加上装配成本，计算各该批产品的成本。但是这种方法的计算工作量较大，因而只能在自制零件不多或成本计算工作已经实现电算化的情况下才采用。

3. 西方关于分批法的战略作用

分批成本法为管理者提供信息，以使管理者能够在产品和顾客、制造方法、价格决策及其他长期问题上进行战略选择，分批成本信息对企业具有战略重要性，原因有以下四点。

（1）企业是通过使用成本领先或产品差异战略来进行竞争的，如果企业采取成本领先战略，而间接费用又十分复杂，则传统的数量型分批成本法不能提供很多帮助。

（2）有关分批成本法的重要战略问题和潜在伦理问题，涉及企业有关分配间接费用和摊派多分配或少分配间接费用的决策。

（3）分批成本法适合服务企业，特别是专业服务企业。追溯直接成本不是主要问题，分配间接费用也不复杂困难。

（4）分批成本单可通过四个方面来扩展成战略平衡记分卡，这四个方面是：财务、顾客、内部经营过程、学习与成长。

（二）分批成本法的计算过程

1. 分批成本计算单

分批成本系统中最基本的支持文件是分批成本计算单。一份分批成本计算单记录和汇总了某一特定工作的直接材料、直接人工和工厂间接费用。

当一项工作的制造或加工开始时，分批成本计算单就开始启动。分批成本计算单为所有的成本项目及管理者选择的其他详细数据提供了记录空间，它伴随着产品一起经过各个加工流程，并记录下所有的成本。

因为每一项工作都有独立的分批成本计算单，一项已经开始尚未结束工作的成本单代表了在产品存货控制账户的明细分类账。当一项工作完成后，相应的成本单被归拢在代表已完工产品成本的一组成本计算单中。

2. 分批法的步骤及程序

在开始生产时，会计部门应根据每一份订单或每一批产品生产通知单，开设一张成本明细账。月终根据费用的原始凭证编制材料、工资等分配表，结算各辅助生产的成本，编制辅助生产费用分配表，加结各车间的制造费用和管理部门的管理费用明细账，算出总数，按照规定的分析方法，分配计入各有关的成本明细账。月终各车间要将各订单在本车间发生的费用抄送会计部门进行核对。当某订单、生产通知单或某批产品完工、检验合格后，应由车间填制完工通知单。会计部门收到车间送来的完工通知单，要检查该成本明细账及有关凭证，检查无误后，把成本明细账上已归集的成本费用加计总数，扣除退库的材料、半成品以及废料价值，得到产成品的实际总成本，除以完工数量就是产成品的单位成本。月末完工订单的成本明细账所归集的成本费用就是在产品成本。

（三）简化分批法

为了避免任务繁重，在投产批数繁多且月末未完工批数较多的企业中，还采用着一种简化的分批法，也就是不分批计算在产品成本分批法。

1. 含义

简化分批法也被称为间接计入费用分配法。这种方法与前述一般的分批法的不同之处在于：各批产品之间分配间接计入费用的工作以及完工产品与月末在产品之间分配费用的工作，即生产费用的横向分配工作和纵向分配工作是利用累计间接计入费用分配率，到产品完工时合并在一起进行的。

2. 特点

采用这种分批法，每月发生的各项间接计入费用，不是按月在各批产品之间进行分配，而是将这些间接计入费用先分别累计起来，到产品完工时，按照完工产品累计生产工时的比例，在各批完工产品之间再进行分配。其计算公式如下：

（1）全部产品某项累计：

$$间接计入费用分配率 = 全部产品该项累计间接记入费用$$
$$\div 全部产品累计生产工时$$

（2）某批完工产品应负担的该批完工产品全部产品该项累计间接记入费用：

$$某项间接记入费用 = 累计生产工时 \times 分配率$$

3. 优缺点及适用范围

生产费用的横向分配工作和纵向分配工作是利用累计间接记入费用分配率，到产品完工时合并一次完成，因而大大简化了生产费用的分配和记入工作。月末完工产品的批数越多，核算工作就越简化。但它存在两个缺点：一是在未完工批别的基本生产成本明细账内，不反映直接人工、制造费用等加工费用，也就不能完整地反映各订单的在产品成本；二是如果各月份加工费用波动较大，各订单的工时数（即加工费用分配基础）又各月不一，采用这种方法会使加工费用平均化，不能反映真实情况，影响产品成本的正确性。因此，只有各月加工费用及其分配标准大致均衡的情况下，才可采用这种方法。

适用范围：简化分批法适用于小批单件生产的企业或车间里，其订单多、生产周期长，而实际每月完工的订单并不多。在这种情况下，如果采用当月分配法分配各项费用，即将当月发生的各项生产费用全部分配给各批产品，而不论各批产品完工与否，那么，由于产品批次众多，费用分配的核算工作量将非常繁重。因此，为了简化核算，这类企业或车间可采用简化分批法。

（四）分步成本法及其战略作用

1. 含义

产品成本计算分步法，是按照产品的生产步骤归集生产费用，计算产品成本的一种方法。其成本计算对象是各种产品的生产步骤。

适用分步成本法的是那些经由一系列相似步骤或部门而生产出相似产品的企业。这些企业通常连续、大量生产类似的产品，生产部门或生产步骤所做的工作没有什么差别，因为所有的产品基本上是相同的，制造成本在每个过程中积聚起来。

2. 特点

（1）成本计算对象是各种产品的生产步骤。

（2）月末计算完工产品成本，需要将归集在生产成本明细账中的生产费用在完工产品与在产品之间进行费用分配。

（3）除了按品种计算和结转产品成本外，还需要计算和结转产品的各步骤成本。其成本计算对象是各种产品及其所经过的步骤。

3. 成本计算步骤与意义

首先分析产品成本的实物流。计算各成本因素的实物产量，确定各成本因素的总成本。计算各成本因素的单位约当产量成本。将总成本分摊到产成品，转出产品和期末在产品中去。

根据分步成本法编制部门生产成本报告单有两种方法，即加权平均法和先进先出法。加权平均法在计算单位成本时要包括全部成本项目，即本期发生的成本和上期在产品存货的成本在这一方法中，上期成本与本期成本加总平均，因而称作加权平均；而用先进先出法计算单位成本时，则只涉及本期发生的成本和工作耗费。

分步成本法为管理人员提供信息，以便作出有关产品和顾客、生产方法、定价决策及其他长期性战略等方面的决策。

（五）结转分步法

在采用分步法的大量大批多步骤生产企业中，成本管理往往需要成本核算提供各个生产步骤的半成品成本资料，其原因如下。

各生产步骤所生产的半成品不仅由本企业进一步加工，而且还经常作为商品产品对外销售。为了计算外销半成品的成本，在实行责任会计或厂内经济核算的企业中，为了全面地考核和分析各生产步骤等内部单位的生产耗费和资金占用水平，需要随着半成品实物在各生产步骤之间的转移结转半成品成本，这也要求计算半成品成本。

1. 逐步结转分步法

（1）逐步结转分步法的含义

逐步结转分步法是按照产品加工的顺序，逐步计算并结转半成品成本，直到最后加工步骤才能计算产成品成本的一种方法。它是按照产品加工顺序先计算第一个加工步骤的半成品成本，然后结转给第二个加工步骤，这时，第二步骤把第一步骤转来的半成品成本加上本步骤耗用的材料和加工费用，即可求得第二个加工步骤的半成品成本，如此顺序逐步转移累计，直到最后一个加工步骤才能计算出产成品成本。

（2）逐步结转分步法的适用及优点

逐步结转分步法在完工产品与在产品之间分配费用，是指各步骤完工产品与在产品之间的分配。其优点：能提供各个生产步骤的半成品成本资料；为各生产步骤的在产品实物管理及资金管理提供资料；能够全面反映各生产步骤的生产耗费水平，更好地满足各生产步骤成本管理的要求。

2. 综合结转分步法

综合结转法的特点是将各步骤所耗用的上一步骤的半成品成本，以"原材料"或专设的"半成品"项目，综合记入各该步骤的产品成本明细账中。

（1）半成品按实际成本结转。

所耗上一步骤半成品费用＝半成品实际数量×半成品实际单位成本，其中，半成品实际单位成本可用先进先出，后进先出，全月一次加权平均等方法计算。

（2）半成品按计划成本结转。

采用这种方法时，半成品的日常收发均按计划单位成本核算；在半成品实际成本算出后，再计算半成品的成本差异率，调整所耗半成品的成本差异。

按计划成本结转的优点有以下两方面。

第一，计划成本结转半成品成本，可以简化和加速半成品收发的凭证计价和记账工作；半成品成本差异率如果不是按半成品品种，而是按类计算，更可以省去大量的计算工作；如果月初半成品存量较大，本月耗用的半成品大部分甚至全部是以前月份生产的，本月所耗半成品成本差异调整也可以根据上月半成品成本差异率计算。

第二，便于各步骤进行成本的考核和分析。按计划成本结转半成品成本，在各步骤的产品成本明细账中，可以分别反映所耗半成品的计划成本、成本差异和实际成本，因而在分析各步骤产品成本时，可以剔除上一步骤半成品成本变动对本步骤产品成本的影响，有利于分清经济责任，考核各步骤的经济效益。如果各步骤所耗半成品的成本差异不调整计入各步骤的产品成本，而是直接调整计入最后的产成品成本，不仅可以进一步简化和加速各步骤的成本计算工作，而且由于各步骤产品成本中不包括上一步骤半成品成本变动的影响，更便于分清各步骤的经济责任，考核和分析。

（3）成本还原。

从企业角度分析和考核产品成本的构成和水平很重要。因此，在管理上要求从整个企业角度考核和分析产品成本的构成和水平时，还应将综合结转算出的产成品成本进行成本还原。所谓成本还原，就是从最后一个步骤起，把所耗上一步骤半成品的综合成本还原成原来的成本。

①计算还原分配率：本月产成品所耗上一步骤半成品成本合计÷本月所产该种半成品成本合计。

②以还原分配率分别乘以本月所产该种半成品各个成本项目的费用可得还原后的各个具体费用。

③还原前的与还原回的各项费用分别相加可得还原后产成品的各项耗费及单位成本。

3. 分项结转分步法

（1）分项结转法的含义

分项结转法是将各生产步骤所耗半成品费用，按照成本项目分项转入各该步骤产品成本明细账的各个成本项目中。如果半成品通过半成品库收发，那么，在自制半成品明细账中登记半成品成本时，也要按照成本项目分别登记分项结转，可以按照半成品的实际单位成本结转，也可以按照半成品的计划单位成本结转，然后按照成本项目分项调整成本差异。

（2）分项结转法的计算程序

分项结转法的成本计算程序如下。

①根据第一车间甲产品成本明细账，第一车间半成品交库单和第一车间

半成品领用单登记半成品明细账。

②根据各种生产费用分配表，第二车间半成品领用单，自制半成品明细账，第二车间产成品交库单和第二车间在产品定额成本资料，登记第二车间甲产品成本明细账。

三、标准成本控制管理

（一）标准成本概论

1. 标准成本的概念

标准成本是经过仔细调查、分析和技术测定而制定的，在正常生产经营条件下应该实现的，因而可以作为控制成本开支、评价实际成本、衡量工作效率的依据和尺度的一种目标成本，也称应该成本。标准成本是按正常条件制定的，并未考虑不能预测的异常变动，因而具有正常性。标准成本一经制定，只要制定的依据不变，就不必重新修订，所以具有相对的稳定性。

2. 标准成本的作用

标准成本的作用有：一是在领料、用料、安排工时和人力时，均以标准成本作为事前和事中控制的依据。二是标准成本的客观性和科学性使它具有相当的权威性。三是采用标准成本，有利于责任会计的推行。标准成本不仅是编制责任成本预算的根据，也是考核责任中心成本控制业绩的依据。四是标准成本是价格决策和投标议价的一项重要依据，也是其他长短期决策必须考虑的因素。五是采用标准成本有利于实行例外管理。六是在产品、产成品和销货成本均以标准成本计价，可使成本计算、日常账务处理和会计报表的编制大为简化。

3. 标准成本的种类

对于应制定怎样的标准成本，众说纷纭。学者们提出了许多不同的或大同小异的各种标准成本，这里只介绍其中理想标准成本、正常标准成本和现实标准成本三种。

（1）理想标准成本。理想标准成本是以现有生产经营条件处于最佳状态为基础确定的最低水平的成本，也就是在排除一切失误、浪费和耽搁的基础上，根据理论上的生产要素耗用量、最理想的生产要素价格和最高的生产经营能力利用程度制定标准成本。这种标准成本要求过高，会使职工因感到难以达到而丧失信心。

（2）正常标准成本。正常标准成本是根据正常的耗用水平、正常的价格和正常的生产经营能力利用程度制定的标准成本。

（3）现实标准成本。现实标准成本是在现有生产技术条件下进行有效的经营管理的基础上，根据下一期最可能发生的生产要素耗用量、价格和生产经营能力利用程度制定的标准成本，也称可达到标准成本。这种标准成本可以包含管理当局认为有时还不可避免的某些不应有的低效、失误和超量消耗，最切实可行，最接近实际的成本，因而既可用于成本控制，也可用于存货计价。在经济形势变化无常的情况下，这种标准成本最为适用。对许多在高度竞争产业中求生存的企业来说，理想标准可以适当地激励工人们去努力超常发挥，然而，如果多次不能达到标准而使雇员们沮丧，理想标准就没有效果。相反的，当期可实现标准则会允许低效率，在大多数企业从事经营活动的激烈竞争环境中，这种允许在战略上是不明智的。

4. 制定标准成本的原则

这里要讲的实际上是制定单位产品标准成本及其各项依据的原则。可供参考的原则有以下四个。

（1）以平均先进水平为基础。标准成本应该制定在平均先进的水平上，以便只要努力就能达到，甚至超过。这样可以鼓励职工满怀信心地挖掘降低成本的潜力。

（2）充分利用历史资料。制定标准成本必须依据历史成本资料。当需得到可靠和精确的数据时，制造类似产品的历史数据就是确定一项经营活动的标准成本的一条佳径。当确定标准的数据缺少或不充分，且通过作业分析或其他可选择方法确定标准的成本高出限度时，企业可能会使用历史数据来构建标准。

通过仔细分析制造产品或执行作业的历史数据，管理者加以确定营业活动的适当标准。通常的做法是利用一项业务活动平均或中间历史数据作为这项活动的标准。然而立志出类拔萃的企业会使用过去的最好业绩作为标准。在确定标准方面，历史数据的分析通常要比作业分析的耗费小得多。

（3）实行全员参与的原则。标准成本基本上是生产要素的耗用量与单价相乘之积，因此，在制定标准成本时除需要管理会计人员收集和整理资料，并参与整个制作过程以外，离不开工程技术人员的研究和测定，材料价格和工资率的确定离不开采购人员和劳动工资管理人员的调查和预测。

（4）可供参考的其他几个因素。企业通常从数条途径来决定它们经营活动的适当标准。这些途径包括作业分析、其他同类企业的标准、市场期望以及战略决策。

①作业分析。作业分析是指对完成一项工作、工程或业务活动所需的确认、描述和评价的过程。一项完整的作业分析包括有效完成此项任务所需的所有输入因素和作业活动。这项分析需要来自不同职能部门人员的加入。因为每种产品都不相同，产品技术人员需要详细确认产品的组成部分。

②标杆。制造商协会通常收集产业信息并掌握管理者可用来确定经营标准的数据，与不属同一产业、但却与该产业有类似经营活动的其他企业的实际数据，也可以作为确定该产业标准的较好的依据。

近年来，许多企业不满足于利用同一产业内企业，而是采用任意企业的最佳经营业绩作为标准。利用标杆的好处在于企业以各地的最好业绩作为标准。

③市场期望与战略决策。市场期望与战略决策通常在标准确定方面发挥重要的作用，尤其是对使用目标成本的企业。当售价是企业可以或期望售出产品的固定价格时，标准成本就指产生产品期望贡献毛益的成本。

（二）标准成本的制定

标准成本的制定通常只针对产品的制造成本，不针对期间成本。对管理成本和销售成本采用编制预算的方法进行控制，不制定标准成本。由于产品的制造成本是由直接材料、直接人工和制造费用三部分组成，与此相适应，产品的标准成本也就由上述三部分组成。

1. 直接材料标准成本的制定

直接材料标准成本，是由直接材料用量标准和直接材料价格标准决定的。

材料用量标准是指生产单位产品所耗用的原料及主要材料的数量，即材料消耗定额。它包括构成产品实体和有助于产品形成的材料，以及必要的损耗和不可避免地形成废品所耗用的材料。

材料价格标准是指采购某种材料的计划单价。它以订货合同价格为基础，并考虑各种变动因素的影响，包括买价、采购费和正常损耗等成本。

2. 直接人工标准成本的制定

直接人工标准成本，是由直接人工用量标准和直接人工价格标准决定的。

人工用量标准即工时用量标准，它是指在现有工艺方法和生产技术水平条件下。生产单位产品所耗用的生产工人工时数，也成为工时消耗定额。直接人工价格标准指单位产品应耗用直接工资及附加费的成本目标，它是由直接人工的工时用量标准和工资率标准两个因素决定的。

3. 制造费用标准成本的制定

制造费用标准成本，是由制造费用用量标准和制造费用价格标准决定的。

制造费用用量标准，它与上述直接人工用量标准的制定相同。

制造费用价格标准即制造费用分配率标准，它是指每一标准工时应分配的制造费用预算总额。它可按下列公式计算：

$$制造费用分配率标准 = 制造费用预算总额/标准工时总数$$

4. 单位产品标准成本的制定

在某种产品的直接材料标准成本、直接人工标准成本和制造费用标准成本确定后，就可以直接汇总计算单位产品标准成本。汇总时，企业通常要按各种产品设置"产品标准成本卡"，列明各成本项目的用量标准、价格标准和标准成本。采用变动成本法计算时，单位产品标准成本由直接材料、直接人工和变动性制造费用三个成本项目组成；而采用完全成本法计算时，单位产品标准成本除上述三个成本项目外，还应包括固定性制造费用。

（三）成本差异的计算与分析

成本的日常控制，是指成本形成过程中通过对实际发生的各项成本和费用进行控制和监督，以保证原定的目标成本得以实现的管理活动。

管理会计是通过标准成本的编制来规划成本的，但是在日常经济活动中往往由于种种原因，实际发生的成本数额与预定的标准成本出现差额，这种差额就叫成本差异。

为了实现对成本的控制，首先应该计算实际成本偏离标准成本的具体数额，并在此基础上分析差异形成的原因，以便及时采取相应的对策，进行必要的矫正，以保证成本目标的实现。

1. 直接材料成本差异的计算与分析

直接材料成本是由直接材料价格和直接材料用量两部分构成的，因此，直接材料成本差异的计算包括直接材料价格差异和直接材料用量差异两部分的计算。

（1）直接材料价格差异的计算。

直接材料价格差异是由于实际直接材料价格脱离标准价格而形成的差异，其计算公式为：

$$直接材料价格差异 = （实际用量×实际价格）-（实际用量×标准价格）$$
$$= 实际用量×（实际价格 - 标准价格）$$

（2）直接材料用量差异的计算。

直接材料用量差异是实际材料用量脱离标准用量而形成的差异，其计算公式为：

$$直接材料用量差异 = （实际用量×标准价格）-（标准用量×标准价格）$$

（3）直接材料成本差异分析。

直接材料价格差异的分析。直接材料价格差异是由进行材料采购时，实际支付的价款与标准支付金额之间的差额形成的。材料价格差异的形成通常有以下几种情况：由于材料调拨价格变动或由于市场供求关系的变化，引起价格的变动；由于客户临时订货而增加的紧急采购，致使采购价格和运输费用上升；订货数量未达到应有的经济订货量；运输安排不合理，中转期延长，增加了运输费用和途中损耗，或由铁路运输改为空运，形成不必要的浪费；市场调查不充分，造成采购舍近求远，增加了材料运费。

采购部门专门负责对外采购生产需要的材料物资，以保证生产经营活动的正常需要。例如，由于生产上的临时需要而进行的紧急订货，或由于客观因素造成的运输延误，不得不由铁路运输临时改为空运，因此而增加的采购费用属于不可控因素。在分析直接材料价格差异时，只有查明原因，才能真正分清责任归属，进而有针对性地采取措施加以改进，降低材料成本。

直接材料用量差异的分析。材料用量差异取决于实际用量与标准用量之间差异的性质和程度。材料用量差异的形成原因也是多方面的。工人违反操作规程或出现机器故障而形成材料消耗超标；仓储部门保管不当，造成材料损坏变质；更换机器设备使材料用量变更；由于新产品投产，工人操作技术不熟练等。

2. 直接人工成本差异的计算与分析

直接人工成本差异，是指直接人工实际成本与而直接人工标准成本之间的差额。由于直接人工成本是由直接人工工时用量和工资率所决定的。因此，直接人工成本差异也包括工资率差异和直接人工工时用量差异（效率差异）两部分。

（1）直接人工工资率差异的计算。

$$直接人工工资率差异 = （实际工时 \times 实际工资率）$$
$$- （实际工时 \times 标准工资率）$$

（2）直接人工效率差异的计算。

$$直接人工效率差异 = （实际工时 \times 实际工资率）$$
$$- （标准工时 \times 标准工资率）$$

（3）直接人工成本差异分析。

通过计算可以确定直接人工工资率差异和效率差异，而对这两种差异产生的原因还需要做进一步的分析。

①直接人工工资率差异分析。工资率差异产生的原因主要有以下几个方面：工资制度和工资级别的调整；工资计算方法的改变，计件工资改为计时工资；由于产品工艺过程和加工方法的改变而调整工种结构。工资率差异的

产生一般应由生产部门负责，但是在实际工作中往往会出现由于工作安排不当而形成工资率差异。

②直接人工效率差异分析。直接人工效率差异的方向和大小取决于实际工时与标准工时之间差异的性质和程度。直接人工效率差异产生的主要原因有以下几个方面：劳动生产率提高或降低；产品工艺过程和加工方法的改变，未能及时调整工时标准；生产计划安排不合理，造成窝工。

3. 制造费用成本差异的计算与分析

制造费用成本差异是制造费用实际发生额和制造费用预算之间的差额，一般按变动性制造费用差异和固定性制造费用差异分别进行计算和分析。

（1）变动性制造费用成本差异的计算。变动性制造费用差异，是指实际变动性制造费用和标准变动性制造费用之间的差额。它是由变动性制造费用耗费差异和变动性制造费用效率差异构成的。

①变动性制造费用耗费差异的计算。变动性制造费用耗费差异，是指实际发生额脱离按实际工时计算的预算额而形成的差异。其计算公式为：

$$变动性制造费用耗费差异 = 实际发生额 - 按实际工时计算的预算额$$
$$= 实际工时 \times（变动性制造费用实际分配率$$
$$- 变动性制造费用标准分配率）$$

②变动性制造费用效率差异的计算。变动性制造费用效率差异，是指实际工时脱离标准工时而形成的差异。其计算公式为：

$$变动性制造费用效率差异 =（实际工时 - 标准工时）$$
$$\times 变动性制造费用标准分配率$$
$$变动性制造费用成本差异 = 变动性制造费用耗费差异$$
$$+ 变动性制造费用效率差异$$

（2）变动性制造费用成本差异分析。确定变动性制造费用成本差异额，对差异产生的具体原因还需要进一步进行分析。变动性制造费用耗费差异的产生，主要是由各项有关费用的实际分配率与标准分配率不一致引起的。

变动性制造费用耗费差异形成的原因主要有以下几个方面：制定预算时考虑不周而使预算数额制定不准确；间接材料价格变化；间接材料质量不合格而

导致用量增加；间接人工工资率调整；间接人工人数调整；其他费用发生变化。

（3）固定性制造费用成本差异的计算。

①双差异计算法。这是将固定性制造费用成本差异分为耗费差异和能量差异两部分进行计算的方法。固定性制造费用耗费差异，是指实际固定性制造费用总额与固定性制造费用预算额之间的差异。其计算公式为：

固定性制造费用耗费差异 = 固定性制造费用实际开支额

－ 固定性制造费用预算额

固定性制造费用能量差异 = 固定性制造费用分配率

× （产能标准总工时 － 实际产量标准工时）

固定性制造费用成本差异 = 固定性制造费用耗费差异

＋ 固定性制造费用能量差异

②三差异计算法。这是将固定性制造费用成本差异分为耗费差异、生产能力利用差异和效率差异三部分进行计算的方法。固定性制造费用耗费差异，是指实际固定性制造费用总额与制造费用预算额之间的差异。其中生产能力利用差异，是指在标准分配率下实际工时脱离生产能力标准总工时而产生的成本差异；效率差异，是指在标准分配率下实际工时脱离标准工时而产生的成本差异。其计算公式为：

固定性制造费用耗费差异 = 固定性制造费用实际开支额

－ 固定性制造费用预算额

固定性制造费用生产能力利用差异 = 固定性制造费用标准分配率

× （产能标准总工时 － 实际工时）

固定性制造费用效率差异 = 固定性制造费用标准分配率

× （实际工时 － 实际产量标准工时）

固定性制造费用成本差异 = 固定性制造费用耗费差异

＋ 固定性制造费用生产能力利用差异

＋ 固定性制造费用效率差异

（4）固定性制造费用成本差异分析。确定了各项固定性制造费用的成本差异以后，对固定性制造费用成本差异产生的原因应根据具体情况进行分析。

①造成固定性制造费用耗费差异的主要原因有以下几个方面：管理人员工资的变动；固定资产折旧方法的改变；修理费开支数额的变化；租赁费、保险费等项费用的调整；水电费价格的调整；其他有关费用开支数额发生变化。耗费差异责任应由有关的责任部门负责。

②形成能量差异的原因主要有以下几个方面：原设计生产能力过高，生产不饱满；因市场需求不足或产品定价策略问题而影响订货量，造成生产能力不能充分利用；因原材料供应不及时，导致停工待料；机械设备发生故障，增加了修理时间；能源短缺，被迫停产；操作工人技术水平有限，未能充分发挥设备能力。

第五章 中小企业财务会计制度改革

第一节 我国财会制度改革的必要性

一、我国会计制度改革的必要性

在改革开放的新形势下，随着企业经营规模的不断扩大，企业经济联系日益复杂，企业资金来源的多渠道，利益分配的多元化，使传统的会计管理体制和会计核算模式，与深化企业改革和社会主义市场经济的运行机制极不适应，日益暴露出它的弊端和局限性。主要表现在以下四个方面。

第一，现行的会计管理体制为"统一领导，分级管理"，而在实际执行过程中统得过多、统得过死，地方、主管部门、企业管理会计的权限过少、过小。突出体现在：全国统一的会计制度由财政部统一制定，会计政策，会计核算方法，会计报告体系都执行国家统一制度，企业无权自行调整。

第二，我国现行的会计制度主要表现为分行业的会计制度，是按部门和所有制来划分并制定的。按制定部门看，大致有三种形式：一是财政部制定和管理；二是财政部和行业主管部门联合制定和管理；三是由企业主管部门制定，报财政部批准或备案。

第三，我国现行会计制度所依据的会计原理，所采用的会计政策、会计方法、会计报告都同国际惯例有相当大的差距，这在进一步扩大对外开放的新形势下，会影响会计的对外交流，影响吸收外国投资和国际金融组织的贷款。

第四，我国现行的会计制度过多地依赖于财政、财务和税收的规定，强调它们之间的一致性。财政决定财务、财务决定会计的体系，使会计缺乏相应的独立性、规范性和科学性，造成会计理论与会计实务的不衔接。

二、财务制度改革的必要性

现行的财务管理制度已不能完全适应经济发展的需要。这种不适应性主要表现在以下四个方面。

（一）市场经济要求企业必须在同等的经营条件下公平竞争

长期以来，我国不同行业的企业实行不同的财务管理办法，分配方式也不尽相同。企业财务制度是按照企业的所有制性质和企业的经营方式制定的。由于财务制度很不统一，利润分配办法不尽相同，违背了市场经济平等竞争的法则。

（二）市场经济要求企业必须成为自主经营、自负盈亏的法人

改革开放以来，随着企业管理体制改革的逐步深入，国家从财务政策上逐步扩大企业的理财自主权，支持和促进了企业改革的深化。但是，在企业财务制度方面，仍然保留了比较浓重的计划经济色彩，有些应当属于企业自主决定的微观财务活动，国家规定过死过细，一定程度上束缚了企业的手脚，不利于企业放开经营。例如，在资金管理上，不仅从资金占用上划分为固定资产、流动资产、专项资产、专项基金，并且规定上述资金不能相互挪用，实行专户存储，"打酱油的钱不能买醋"，限制了企业对资金的使用权。这既不利于企业转换经营机制，也不利于政府部门转换职能。

（三）市场经济要求扩大对外开放，必须尽量与国际惯例接轨

改革开放的不断深入，从客观上要求我国要尽快制定出一套与国际惯例基本一致的财务制度体系。例如，在折旧方法上，我国实行的是单一的直线法，而国际上允许企业实行快速折旧方法，等等。

（四）市场经济要求保护投资者的利益

按照现行的财务制度，企业计提的折旧要冲减固定基金，并要向国家上交"两金"，使投资者投入企业的资金从企业开始营运就要减少一块；企业固定资产盘盈、盘亏、报废、毁损等，完全属于企业经营管理方面的问题，但按规定要增减固定基金，由投资者承担企业经营管理上的责任，等等。

第二节　加强会计改革的理论思维

一、强调会计改革的理论思维

（一）理论思维历来是指导社会发展的巨大力量

理论来源于实践，又对实践起指导作用，这是唯物主义认识论的基本命题，通过意识活动指导和控制实践，乃是人类的最可贵之处，理论思维是这种意识活动的最高级形式。理论思维的根本特征就在于在总结人类实践经验的基础上，把握社会的发展规律，并依据这些规律投身新的实践，只有这样，才能提高实践的科学性和目的性。这是因为，当即将发生或者面临重大变革的时候，社会发展必然经历重大的跳跃，它一方面继承以往历史发展的积极成果，另一方面，也是更重要的方面，必然带来社会结构和功能的改革，如果说在一般的历史阶段，人们的经验思维尚能应付日常实践需要的话，那么在这个时候，经验思维就远远不够用了，因为实践遇到的多是崭新的问题，以旧的眼光、旧的方法、旧的参照系统无法回答社会向何处去的问题，这就从客观上要求我们对社会历史的发展有个宏观的了解，对我们所从事的局部实践与整个社会系统的关系、局部实践过程内部各要素的关系，以及所有这些关系决定的局部实践的内在规律有个透彻的了解。所有这一切，无疑是理论思维的基本内容。

（二）当代会计的发展、会计改革的现实，要求加强会计改革的理论思维

会计是一门既古老又年轻的学科，说它古老是因为会计作为一门科学，

其起源可以追溯到 13 世纪中期意大利的复式簿记学说；说它年轻，是因为会计自第二次世界大战以来，已在现代资本主义经济实践的基础上，不断实现自身变革，发展了许多管理手段，以新的面貌跻身于管理科学之林。随着商品经济关系的进一步深化，经济活动的许多要素和侧面不断实现价值化，开辟了会计管理的许多新领域，发展了人力资源会计、无形资产会计、质量会计等新的会计学科。近年来，会计管理在系统论、控制论和信息论等现代方法论的指导下，逐步实现了与其他学科的交融渗透和系统合成，已成为企业管理的重要组成部分。会计管理以其信息变换和参与控制这些独特的功能，在企业管理中发挥着越来越巨大的作用。面对会计实践和会计学科发展的新水平，以往关于会计基本问题的认识已远远不能指导会计改革的健康发展，这客观要求我们进一步深化会计理论研究，从会计的基本特性、基本结构等问题上着眼，把会计改革建立在一般管理理论的基础之上。

（三）会计理论研究的现状，呼唤着会计改革的理论思维

受我国传统民族思维的影响，我国的会计研究始终停留在直观辨析的感性分析阶段。建立在这种感性分析基础上的会计基本理论就常常表现为或空泛抽象，或纠缠细枝末节，从而导致感情用事，各执一词，没有定论。这样的理论背景，是绝不可能产生精深的会计理论和会计学大师的。例如，强调会计是一种管理活动，却不能回答会计是怎样的一种管理活动；又例如，会计本来就是管理者运用特定的会计方式进行的一种管理活动，会计人员与会计方式从来就是同一项活动的两个侧面，有人却要把会计人员与会计方式分开来研究，殊不知，离开了会计人员的会计已不是完整意义上的会计了；再例如，借贷记账法本来就是依据资金运动的客观规律形成的一种科学的记账方法，却一度有人斥之为难学难懂，深奥晦涩，应该加以改进和简化。凡此种种，无不说明我们关于会计的认识是多么肤浅，要达到对会计本质的认识，尚有多么遥远的路程。既有的会计实践制约着会计改革的进程，同样，关于会计改革的理论也必然要受到会计理论水平的影响，由于我们对会计基本问题的认识并不十分清楚，因而关于会计改革的目标模式，就很难有个总体的说明。美国会计学者沃纳·松巴特（Werner Sombart）曾指出，"很难设想会

存在没有复式簿记的资本主义"，我们的理解是，会计是实现价值信息变换和参与价值控制的管理活动，商品经济在资本主义世界发展为最普遍的形式，会计与商品经济结下了千丝万缕的联系，没有会计这一特殊的管理手段，价值控制等也就谈不上了，而赖以存在的资本主义商品生产和流通也就失去了微观基础。

二、实现会计改革的理论思维

（一）实现会计理论研究方法的变革

历史学表明，划分人类历史阶段不可能以人类的精神、文化状态为标志，而只能以这些精神、文化的物化形态——劳动工具为标志。同样，我们认为，认识人类社会思维水平的方法，虽然有许多不同之处，但理论研究的方法却是一个重要标志，科学研究方法的更迭常常带来学术理论的巨大飞跃，亚里士多德的演绎法、培根的归纳法、希尔伯特的公理化方法都曾为学术研究开阔了一派新风气，马克思主义的唯物辩证法更是为《资本论》奠定了坚不可摧的基础。马克思主义的唯物辩证法是人类历史上最精深、最基本的方法，演绎法、归纳法、历史的方法、逻辑的方法等各种方法在唯物辩证法的基础上形成了一个方法论体系。以此考察目前的会计研究，重归纳、轻演绎，并忽视归纳与演绎的统一、历史与逻辑的统一，表现出了会计学者方法论素养的不足。

（二）实现会计改革研究内容的变革

近来，关于会计改革的思考，人们多是在会计怎样适应经济改革各项措施等方面大做文章。会计关注经济改革的进程，并针对经济改革的每一个具体要求，做出相应的改革，这对于保证经济改革目标的顺利实现无疑是必要的，但也必须看到，经济体制改革本身就是一场浩大的系统工程，它将在广泛的意义上变革现有的经济体制和运行方式，会计作为经济管理的重要组成部分，必然要随着经济生活的深刻变动做出相应的改革，而所有这一切都不可能是亦步亦趋所能奏效的，必须在预见经济改革目标的基础上，进行系统思考和设计，以保证新的会计模式的科学性和对管理要求的适应性。有这么一种观点：关于会计基本问题的认识应该收场了，以后主要是实践，条件成熟了，关于会计是什么的认识就自然清楚了。对此我们不能同意，前已述及，理论对于实践有指导意义，它在一定程度上决定着实践的水平及成败，在会计变革的重要关头，关于会计本质的理论思维更显得必要了。

关于会计与经济管理环境的关系。研究表明，会计与经济环境有着密切的联系。近来，不少人对我国现行会计事务管理体制提出了尖锐的批评，如果不对我国经济体制有一个宏观的了解，那么对于既有的会计事务管理体制的批评就只能是泛泛而谈，对于建立新的适应市场经济需求的会计工作新模式也就很难提出切实的意见。因此，我们有必要在总结资本主义会计工作经验的基础上，在经济体制与会计事务管理体制的关系、经济运行方式与会计工作方式的关系等问题上多做一些探索，力图找出两者的必然联系，以此作为改革的出发点。关于会计工作方式。会计工作方式，一般可以理解为会计在企业管理系统中，在服务于内部和外部需要的目标下，机构如何设置、机构隶属关系、与各方面的管理协调关系及相关的行为问题。关于会计基本问题的认识与会计工作方式有着密切的联系，管理活动论把会计规定为一种独立的管理活动，使会计管理成为一个独立的管理部门，信息系统论把会计规定为一个以提供财务信息为主的信息系统，外在于管理过程。

（三）了解会计工作的现状

前文所述，都主要解决一个方法问题，而问题的实质在于，所有这一切都必须建立在对现实情况透彻了解的基础上。强调变革研究方法，解决了能否运用科学的思维方法，实现高层次的、科学的抽象，但是如果不能全面了解现实情况，不做深入细致的调查研究，所做的任何抽象都只能是空泛的，没有根基的。目前的状况是，会计管理部门、会计学者对我国当前会计工作的现状了解甚少，因而由此得出的改革建议和理论，要么沿袭传统、故步自封；要么照搬西方，不切实际，最终指导不了会计改革。要改革就必须有改革的理论；提炼改革的理论，就必须脚踏实地做些调查研究工作。下一步该怎么走，答案很明确地摆在我们面前，我们有必要本着改革的精神，花大力气，多做一些艰苦、细致的工作，努力探求会计改革的真理。本书认为，开展会计改革的调查研究，主要有这样几个方面的内容：关于会计工作的基本情况，例如会计干部的数量、知识结构、年龄结构、会计机构的设置及与各方面的管理关系等；关于经济体制改革与会计工作的矛盾，例如经济改革向会计工作提出了哪些要求，会计工作在哪些方面不适应经济改革的新形势；关于会计改革的成功经验，例如哪些企业、哪些部门和地区在哪些方面实现了改革，适应经济生活的变化，有什么成功经验，会计改革在哪些方面促进了经济体制改革，等等。

第三节　加快和深化会计改革

一、加快和深化会计改革的基本思路

经济体制改革的深入发展是我们提出加快和深化会计改革这一命题的基本依据。因此，设计会计改革的基本思路，必须深刻认识和估量经济体制改革发展方向，评价和认识会计工作的传统运行机制及其与经济体制改革的矛盾。

从总体上讲，我国传统的会计工作是与高度集中计划下的产品经济模式相适应的，它是一种为纵向服务的运行机制，即会计工作的具体过程和终极目标，是以满足政府部门自上而下的直接管理需要为主轴，而不是把企业内部管理需要放在主要地位，由此决定了我国传统会计工作的一系列特征。

（1）会计核算制度以会计科目和会计报表为主要内容，会计科目的设计与详尽的会计报表项目相配套，其基本出发点是把它作为财政部门和主管部门对企业财务收支进行直接控制的手段和依据。

（2）会计信息的表达和传输，一般是按行业特点设计，多头布置，并以宏观管理和部门需要为转移，既影响了企业会计参与管理，又在一定程度上损害了会计信息的科学性，损害了会计报告作为商品经济通用语言的属性。

（3）会计核算方法迂回曲折，会计信息掺杂着一定的主观随意性。

（4）过分强调了会计人员双重身份中代表国家利益的一面，对发挥会计工作的内部管理职能产生了不利影响。

随着经济体制改革的逐步深入，逐步形成"国家调节市场、市场引导企业"的新的经济运行机制，企业作为自主经营、自负盈亏的独立商品生产者的地位逐步确立，国家对企业的直接管理将逐步让位于间接管理。与此相适应，改革目前这种纵向型的会计工作模式已势在必行，其方向是逐步把企业会计工作建设成为实现企业经营目标，强化企业内部管理的重要形式。

（一）关于会计管理体制的改革

会计管理体制是指会计管理工作在中央、地方、部门和企业之间的权责划分。它决定各级会计工作管理部门的职能，也决定企业会计工作的基本过程和目标。会计管理体制改革的主要方向应该是，在下放权力、转变职能的前提下，本着"统一领导、分级管理"的原则，对于那些确实关系到宏观控制，对全局有重大影响的会计事务，坚持由财政部统一管理；对于那些只在地区或某一部门、行业范围内有普遍意义的会计事务，由各地区财政部门或行业主管部门、会计职业团体作出指导性规范；应当改革目前这种什么都由中央或上级包揽，从内容、形式到方法都搞"一刀切"的格局，最大限度地发挥基层企业自主决定会计事务、组织会计管理工作的积极性和创造性。主要包括以下几点。

1. 建立健全会计管理体制

建立相关规范，积极营造有利于会计管理的社会氛围。首先，企业会计人员提高自身对于会计行业改革的认识，积极投入到改革相关工作中，并利用自身经验积极为企业改革出谋划策。其次，企业建立相关的会计多样化的规范，使会计的相应改革能够符合企业的多样化发展需求以及市场的多样化要求。

2. 加强企业会计监督力度

首先，要求企业建立相关的规定，任何会计核算工作都要建立在正确且符合国家会计核算相关规范的法律法规基础上。其次，企业要建立健全会计监督体系，防止会计人员出现粗心大意、工作积极性较差的现象，使其在工作中拥有较强的责任感和积极性，这样不仅能提高企业会计工作的效率和准确度，还能使会计核算的结果更加具有说服性。

会计准则应由主管会计工作的财政部门组织有关专家和权威机构研究制定，使之真正反映各方要求，提高会计准则的科学性。

（二）关于企业会计改革

企业会计改革应围绕企业经营机制的转变，在服从统一会计准则、保证国家宏观信息需要的基础上，建立会计管理信息系统，充分发挥会计在提供价值信息、参与决策控制中的作用。其要点包括以下两个方面。

（1）建立会计决策信息中心，发挥会计参与决策的职能。随着企业经营机制的转变，企业作为独立的商品生产者面向着市场的激烈竞争。

（2）适应承包经营责任制要求，推行内部承包或其他经济责任制，以责任单位和责任人为核算对象，全面反映责任实体的责任履行情况，建立责任会计体系。

二、进一步解放思想，更新观念

纵观当前的会计改革形势，我们的评价是：企业适应经营机制转变，以责任会计为中心的改革形势喜人，但会计工作管理体制的改革尚未出现关键性的突破。究其原因，从客观上说，会计工作处于经济管理工作的基础层次，所受制约太多，特别是会计工作管理体制改革，更是存在着较多矛盾；从主观方面说，一些不适应市场经济要求的观念和方法仍然占据着我们许多同志的头脑，束缚了会计工作管理体制的改革。思想不解放，观念不更新，会计改革难以进一步加快和深化。

三、加快和深化会计改革的近期目标

与经济体制改革相适应，会计改革也是一个渐进的、长期的过程。会计改革总目标的实现不可能一蹴而就、一步到位，需要我们做长期的艰苦努力。

但是，树立会计改革的长期性和艰巨性的观念绝不是采取被动适应的态度、坐等改革的时机，而是要积极主动，做到以下三点。

1. 建立和完善企业内部管理和控制体系

企业作为市场经济的主体，加强内部管理和控制有助于促进市场经济的良性发展。要求企业建立完善的内部控制和管理体系，在发展过程中注意企业会计管理的系统性和完善性，及时将会计发展中的理论知识融入实际的会计管理体系中，并且在发展过程中根据市场发展情况预测市场发展的趋势，从而使企业能够及时对会计管理和控制机制做出调整。

2. 提高企业会计的综合素质

要求企业提高招聘会计人员的要求，在招聘时对应聘的会计人员的专业实力以及其对国家相关法律法规和政策的熟悉程度进行考察，对于专业能力较差的面试者或者对于国家会计相关的法律法规和政策不熟悉的面试者要慎重考虑，保证所招聘会计工作人员的工作能力以及其对国家会计相关的法律法规和政策的熟悉程度。

3. 建立网络化会计信息系统

当前我国科学技术和计算机技术发展快速，计算机已经被广泛地应用到社会发展的各行各业，将计算机应用于企业会计中已经具备相应的基础，使利用计算机实现会计工作成为可能。利用计算机进行会计工作的相应核算，不仅能够提高人工核算的准确率及运算效率，还能通过建立网络化会计信息系统，使会计行业内的相关人员互通有无，相互学习和借鉴。

第四节　企业财会制度改革

一、当代财政、信贷与企业经营管理

（一）改进商业贷款方式的建议

目前商业贷款主要有商品流转贷款和临时贷款两种。前者解决批发企业自有流动资金不足情况下正常商品流转所需的资金：后者解决临时性的资金需要。多年来，由于指导思想和体制上的失误，企业和银行对资金掌握使用不够重视，基本上是供给制的做法，导致在商业贷款上存在以下四个问题。

第一，在自有流动资金和银行贷款参加商品流转上，没有明确的界限和比例。曾经规定商业企业自有流动资金除满足四项定额流动资金外，还应有一定的比例参加商品流转，即在商品资金中应有一定的自身流动资金作为其资金来源，其余才由银行贷款供应。贷款比例大的单位，由于利息支出较多，费用水平较高，其中混杂有资金运用不合理和自有流动资金未拨足等多种因素，不便考核企业经营管理的得失。

第二，在贷款指标的计算上，采取的是"差额补足"的方式，即将资金占用的增减额与资金来源增减额比较，其差额即由贷款增减补足。这指标，没有考虑资金周转率的要求，有的企业所提贷款计划与商流计划、财务计划脱节，银行也不便检查。

第三，贷款掌握松紧缺乏一定的考核标准。如前所述，银行贷款多少与自有流动资金之间并没有一定的比例，在贷款指标计算上又缺乏可靠的依据，加上在贷款供应上，银行多根据自己所有指标是否宽裕来考虑，这样在贷款掌握上就会出现畸轻畸重，时紧时松的情况。

第四，银行对企业是否按规定使用贷款，资金周转是加速还是延缓，缺乏督促的办法和信贷的制裁。这样也就好坏不分，不能鼓励先进、鞭策后进。

人民银行是全国信贷结算的中心，实际上起着国民经济总会计机关的作用。中华人民共和国成立以后，人民银行在有计划地掌握货币流通，集中管理资金，支持企业用好流动资金，贯彻国家财经方针以稳定物价、繁荣市场是做了巨大贡献的。

按照国务院颁发的全额信贷的办法，先在扩大企业自主权的单位试行。这是一项重大的改革，预计将会促进工商企业加强流动资金的管理，对国民经济的调整、改革、整顿及提高带来有利的影响。为了更好地贯彻经济管理体制的改革，特提出改进商业贷款方式的六点建议。

第一，国营商业一、二级采购供应站实行全额信贷，三级批发商店实行部分信贷（例如50%）。零售商店则实行全额自有流动资金。无论批零企业都应进行清产核资，核定所需各项流动资金。

第二，国营商业企业应按年提出并核定流动资金平均占用额、流动资金周转天数、流动资金（或全部资金）利润率等指标，结合购进、销售、费用水平、利润指标一并考核。

第三，银行对全额或部分信贷的企业要结合季度商品流转计划、财务计划，按季核定季度的商品流转贷款指标：对其超定额储备另行核定超定额贷款指标；临时性的先进后销所需贷款，则核定临时贷款指标；超定额储备贷款及临时贷款均应在借款时规定还款期，到期归还。

第四，如果企业因扩大销售，需要相应地扩大流动资金，只要在达到年度核定的流动资金周转天数和资金利润率的前提下，银行就可自行核增其贷款指标。

第五，银行对全额自有流动资金的企业，同样要监督检查其资金运用情况。这些企业因临时资金不足可申请银行给予临时贷款，贷款期最多不超过45天。

第六，银行对正常的商品流转贷款与超定额贷款及临时贷款应区别对待，实行不同的贷款方式和不同利率。

（二）银行贷款必须与财政资金划分

在国民经济活动中，银行与财政的关系十分密切。银行掌握和调节货币流通，财政则通过财政收入和支出，对国民收入进行重分配。银行代理财政金库，将财政收入暂存起来，按照财政需要办理财政拨款。可以说，财政部门是银行的一个最大主雇——存款者。同时，银行也可利用一部分储蓄存款参加财政的基本建设投资活动，银行还为财政完成一部分上缴税利的任务。

银行掌握和调节货币流通业务主要用的是信贷和结算两种手段，但偶尔也运用货币发行这一手段。当财政在银行存款不足而又急需某项支出拨款时，财政只好向银行透支。这时候，只要银行总的存款大于放款，就可调剂暂垫，这种短期的财政收支不平衡还不至于影响整个银行的货币收支平衡。如果代财政垫款时间过长，引起银行货币收支不平衡，即支大于收的情况，银行也只好经过一定的批准程序增加货币发行来进行弥补。

我国曾经实行的是以计划经济为主，市场调节为辅的经济方针，在国民经济中力求财政收支和货币收支的平衡，避免资本主义国家通货膨胀的毛病。根据货币流通的需要，严格控制货币发行。

银行严格划分财政拨款和信贷资金的界限是提高经济效益的需要。但由于多种原因，至今仍然存在不合理的财政垫款情况。有的工业部门生产不够适销对路的商品，工业为了体现产值和利润的实现，指令销售公司收购，不但掩盖了矛盾，而且实质上等于银行用贷款为财政部门提供虚假的财政收入。如此种种，都是银行贷款提供财政垫款的性质，应研究采取必要的措施，加以纠正。针对上述问题，建议银行根据全面管理流动资金的要求，加强对财政性质垫款的控制。

（1）企业亏损必须及时由财政部门填补，否则应对企业加倍收息，或对未弥补数额强行压缩贷款指标。如果财政部门不予弥补，经过一定时期，可由银行在财政收入款中自动转账弥补，因此影响的财政收入由财政部门负责。

（2）企业对积压滞销、残损变质等项库存商品进行削价，其库存削价损失应即反映为当月（或季）的损失，银行对此项虚占资金不予贷款。

（3）工商企业购销商品应事先签订合同，商店按合同收购，因商店经营管理不善收购的不适销商品，其周转已超过保本周期的部分，应加倍收取贷款利息，促使企业在收购商品时事先就认真考虑适销对路，即使发现了不对路商品也能抓紧推销或削价处理。

（4）对于企业分期应收贷款等项赊销发生的资金占用，应加强监督检查，逐步收回，对占用周期过去的这部分资金也采取加倍收息办法予以督促清理。

（三）商业零售企业营业员劳动效率的剖析

20 世纪初，美国泰罗提倡科学管理以来，各资本主义国家的工业企业对各个工种、工序的工人操作进行所谓"时间和动作分析"，对操作中不必要的动作加以简化，将工作时间充分利用，制定各环节劳动定额，与工资奖励制度紧密结合起来，促进了劳动生产率的提高。应该承认，这是一种科学的管理办法。凡是要提高劳动生产率，制定合理的劳动定额的地方，必须运用这种办法。问题是资本主义企业运用泰罗制的目的是资本家对工人榨取更多的剩余价值，靠加强管理以加强掠夺。他们不可能得到工人的赞同。而社会主义企业提高劳动生产率的目的，是为了创造更多的物质财富，为工人谋福利，这样做正是对国家、企业和职工个人都有利的事情。

一般地讲，成交笔数是由接待人次决定，归根结底又是由营业员的政治业务水平、服务态度和服务质量决定的。这些虽然是决定性因素，但缺乏客观的比较考核标准。而营业成交笔数或实现的销售额是比较容易考核的。

我们再进一步分析一下，营业员在一定时间（例如一天）实现的销售额受到哪些因素影响呢？这在客观上决定于顾客来临人次。这个数量不完全决定于商店的主观因素，有时气候严寒或酷热，发生暴风雨或商店所在地区交通便利或闭塞都会发生影响。来临的顾客见橱窗陈列的商品不中意或营业员过忙，不耐心等，因此，来临人次不等于上柜接待人次。上柜接待了，顾客挑选的商品在品种、规格、质量、价格上不满意时仍不能成交，其中又有个成交率高低的问题。

（四）搞活企业，提高经济效益

城市的形成和发展是社会经济发展的客观结果，城市的多功能作用也是随着社会经济发展逐步形成发展的。现代化的城市以各种类型的企事业单位为细胞。搞活企业，提高经济效益与发挥城市多功能作用关系密切，互相制约，互为条件。这就是说，城市多功能作用发挥越好，企业和社会经济效益就越高。城市充分发挥了工业基地的作用，不断涌现新产品，质量优胜的拳头产品向外辐射，企业经济效益高，财政收入多，城市进一步发展才有充沛的资金。

在试行经济体制改革中，政、企明确分工，政府和企业管理部门的主要任务转向统筹、协调、服务、监督方面。

大力发展第三产业是现代化城市的突出任务。第三产业包括的门类繁多，有为生产服务的商业和交通运输等行业；有为人民生活服务的饮食、服装和市内交通等行业；有为整个社会服务的文化、教育、卫生、机关管理等事业。由于牵涉面广，不是少数部门力量所能搞好的，更需要政府的统筹安排。当前特别需要将企业办社会改为社会办企业。有的地区建立了家务劳动服务公司，不失为一种新兴的具有发展前途的第三产业。不少企业退休职工多，负担重，上级规定实行统筹退休基金的办法，因组织督促不力，实行的很少。

（五）搞好经济管理必须重视时间观念

（1）进行基本建设投资决策前计算投资效果。基本建设投资项目的确定，多种方案的择优，属于投资决策，重要的是考虑投资的宏观效果和微观效果，近期的利益和长远的利益。而计算投资效果，必须考虑投资期长短，投资期的投入，建成期的产出，计算投资回收期的长短或作收支净现值的比较。

（2）进行市场预测和产品生命周期的预测。为了保证企业经营成功，争取较大的经济效益。一个企业对自己所生产的产品，无论是老产品还是新开发的产品，都要进行市场预测，包括人口和购买力的增长，购买力投向的变化，同类产品的产销情况，本企业产品的市场占有份额，还要考虑产品的生命周期变化情况。

（3）商品生产销售和原材料供应的季节性对企业经济的影响。由于农副产品多有一定的季节性，加上有的工业品消费也有季节变化，企业供产销活动也就出现季节性波动，反映为原材料、在产品、产成品等资金需要的升降，或生产均匀性的变化。怎样使生产均匀进行，购进或销售不失时机，资金占用较少，需要根据历史资料，做出时间序列的分析预计，实现较大的经济效益。

（4）掌握商品保管期，减少商品的物质和经济损耗。不少商品都有受环境和自然条件的影响发生使用价值降低、耐用期缩短，甚至腐烂变质的可能。鲜活商品，例如肉、鱼、蛋、蔬菜等尤其容易变质，搞得不好，往往造成大的损失。除了物质损耗外，有的商品样式变化比较快，新产品上市后，老产品被很快淘汰，还要发生经济损耗。这就促使我们在经济管理上掌握商品的保管期，及时出售或利用。

（5）各项库存周转天数的计算和控制。企业经营所需各项库存的多少不能单纯以数量或金额计算，应该按照经营规模的大小计算各环节的周转天数，加以控制，以便保证经营的不断进行，又尽可能少占流动资金。

（6）在选择运输工具，结算方式和某些经营决策时必须考虑时间因素。

企业从外地购进商品或原材料，究竟采用哪种运输工具比较划算；采用哪种结算方式能够较快地收回货款，减少利息和结算费用支出；有的企业在销货时采用延期或分期收款方式，这种做法与降低售价即时收款比较，哪种较好；再如某些库存商品存量较大，利息、仓租负担较重，库存时间久还易损耗贬值，是否应该削价及时处理；此类经营决策都要考虑时间因素。

（7）流动资金收支的预计和银行借款额度及时间的确定。流动资金收支的预计是按生产和经营进度发生的各项收支进行的，某个时期收大于支就可归还银行借款，减少借款额度，反之支大于收就要增加银行借款。这个预计，按月算账与按季算账或按年算账是有所不同的，因较长期间的预计不能反映流动资金需要的波动实际，不利于指导经营、筹借资金，还是短期预计较好。

（8）提高信息的传输和处理速度，减少信息反馈的时间延滞，加强信息的反馈，是提高管理效率的重要环节。经济管理是个较大的、开放的，而且复杂的信息系统，它包括不少的子系统，且与外界环境有多种联系，各子系统间、系统内各组成要素间形成千丝万缕的网络。会计系统就是管理信息系统的一个子系统，要求及时、正确、完整地反映有关资金周转方面的信息，预测发展趋势，反馈给有关领导和部门，及时作出经营决策，制订计划，控制经济活动进程，达到提高经济效益的目标。

二、当代财会理论与政策

（一）时间节约与会计核算

时间有个特点，就是它的不可逆转性。通俗地讲，就是时间一去不复返。"机不可失，时不再来"，这表明时间概念的重要性。

就会计核算而言，每种固定资产部有它的耐用年限，这是与时间有关的。作为会计核算基本对象的资金和利润，同样不能离开时间概念。资金就是再生产过程中一定时刻的有价值物的货币表现的总称，利润就是一定时期内新增加的资金积累。产金、库存、应收或应付款余额经济上称为存量，它是随时刻而变化的，因此，有人将反映这类指标数字的报表称为静态报表。

劳动价值学是马克思政治经济学的核心。它告诉我们：商品的价值决定于生产该商品所花费的社会平均必要劳动量，即社会平均必要劳动时间，这就指明了价值与劳动时间的关系。经济核算的主要任务就是要比较企业的收入和企业的支出，看企业有利润，还是亏损，这个比较，实质上是对劳动时间节约还是浪费的比较。

在产出量不变的情况下，投入的物化劳动量减少了，意味着生产该产量需要的物化劳动量下降了，物化劳动是活劳动的结晶，节约了物化劳动等于间接节约了劳动时间。提高了设备利用率，充分发挥了物化劳动的作用，同样是节约了劳动时间。

生产某种商品除了劳动时间以外还有非劳动的生产时间。为了实现商品流通过程，还要有一定的商品流通时间。节约非劳动的生产时间，可减少原材料储备和在产品的资金占压。节约商品流通时间，可减少成品资金的占压，虽然这不是物化劳动消耗量的节约，却是物化劳动占用量的节约，也就是固定资金和流动资金占用的节约，我们可以利用这部分节约推动更多的劳动就业，生产更多的产品，这仍然是一项很大的节约。

在基本建设过程中，要投入大量的物化劳动和活劳动，但在建设期间只会增加对生产资料和消费资料的需求，而并不能增加它们的供给。如果能缩短建设周期，节约基本建设的时间，争取早日建成投产，就能提早为扩大再生产提供物质基础，增加劳动就业，增加产品供应，增加资金积累，这对国民经济发展将会产生多方面的良好影响。

基本建设投资是与国民经济长远利益攸关的，不仅有投资建设周期的问题，还有投资效果问题。那就是，投资所费的资金能够在多长时间通过投产后以利润、税金和折旧的形式收回。简言之，就是投资回收期问题。要投资回收短期，除缩短建设周期外，还要发挥更大的投资效果，即以较少的投入，争取更早更多地产出，包括产品的产出和资金积累在内。

在经济管理工作中，一般还有核算管理所需时间，马克思称之为簿记时间，节约这项时间，不仅能够减少商品的生产和流通时间以及基本建设周期，而且还能促进各环节时间的全面节约。

由此可见，无论社会集体或个人，生产上或生活上都有时间节约问题。

各项经济效果归根结底是时间的节约，时间节约是无处不在的。有人认为时间就是生命。

会计核算是人类在长期社会生产实践中创造和发展的一项管理经济的科学方法。搞经济离不开管理，搞管理离不开会计。会计核算主要从以下两个方面促进时间节约。

第一，会计核算运用成本和利润的计算，将收入和成本比较，计算利润的绝对金额和相对比率，分析它们的增减原因，促进企业降低成本，增加利润。成本的降低和利润的增加虽然是以金额的形式反映的，但其实质还是劳动时间的节约。

第二，会计核算运用资金周转速度的计算，加速流动资金周转，节约资金占用，实质上就是节约物化劳动的占用，促使企业以较少的资金，扩大生产经营，有利于较快发展国民经济。

（二）会计核算与经济信息

随着社会经济的进步和管理科学的发展，会计核算日益显示出它的重要作用，它已经被公认为一种管理信息系统。会计核算日常接触和处理的正是大量的经济信息，特别是与企业资金周转有关的信息。

一般管理信息系统都有信息的输入、存储、控制、加工和输出几个必要环节，而会计核算作为一个管理信息系统，同样具备这几个环节。经济信息输入会计核算系统，就是从接受原始凭证，经审核后编制记账凭证开始的。记账主要是将经济信息存储在一定的账簿中。制证、记账，编表各个过程都按一定的程序，有组织地进行，这正是控制作用。在整个会计核算过程中，都在对经济信息进行分析—综合—再分析—再综合，这就是信息的加工。会计报表就相当于信息的输出。会计核算各个环节都是处理的经济信息，形成不断的信息流。因此，会计核算的各环节都能为我们提供多种用途的经济信息。例如，我们从购进或销售的原始凭证中可以掌握个别业务活动的经济信息，从总分类账中可以掌握总的动态，从会计报表中则可以概括反映资金周转的过程和结果。可见，会计核算与经济信息之间存在着鱼水一般的关系。企业要搞好经营管理，离不开经济信息，也就不能不靠会计核算提供经济信息。搞好会计核算，重视会计核算提供的经济信息，对于资本主义企业的经营者和投资人是生命攸关的大事，对于社会主义企业就更加重要。

（三）社会主义初级阶段与财会改革

党的十三次全国代表大会上，中央领导同志做了《沿着有中国特色的社会主义道路前进》的报告，在这篇具有划时代意义的历史文献中，第一次系统地提出了我国现在正处于社会主义初级阶段的论断，它是建设有中国特色的社会主义的首要问题，是我们制定和执行正确的路线和政策的根本依据。

财会改革必须服从社会主义初级阶段的理论、基本路线和方针，财会改革必须服务和促进经济体制改革和政治体制改革，这是财会改革的根本指导方针。引申而言，财会改革的指导思想应有六项。

（1）必须以促进提高经济效益，发展生产力作为中心。社会主义初级阶段的特征是生产力水平较低，资金甚感缺乏。结合财会工作的职能特点，更应发扬艰苦奋斗，勤俭建国，勤俭办一切事业的优良传统，同铺张浪费，贪污盗窃，违法乱纪作坚决的斗争。

（2）社会主义初级阶段的另一特征是社会主义的生产关系和上层建筑还不够完善，与生产力水平还不相适应，因此，必须进行体制的改革，必须以积极的态度投入改革的洪流。对于改革中出现的新生事物要积极扶持，热情爱护，不应横加指责，制造障碍。

（3）社会主义初级阶段要提高到完全发展的阶段，不能搞闭关自锁，必须以开放的精神吸取国外可为我国采用的经验。对于国际性的财务会计准则以及管理会计的有效做法，可以结合我国社会主义的特点加以批判吸收，消化应用。

（4）社会主义初级阶段的商品经济还很不发达，必须促进有计划的商品经济的发展。一切有利于商品经济发展的事物，如开展市场竞争，扩大横向经济联合，逐步形成生产资料市场、技术市场、劳务市场和资金市场，在财会改革上应积极配合，大力促进。

（5）社会主义初级阶段民主政治有待完善，民主意识需要加强，因此，必须有利于企业内部实行职工民主管理。财会工作要由面向上级，面向外部，转为同时面向基层，面向群众，吸引群众参加经济核算和民主理财，逐步扩大职工民主监督的领域。

（6）社会主义初级阶段不能只重视物质文明的建设，还要同时提高社会主义觉悟，为此，必须提高财会人员的职业道德观，建设精神文明。

随着经济体制改革和政治体制改革的深化和发展，财会改革的内容必将逐步丰富明确。现仅就所见所及，提出财会改革的若干轮廓设想。

过去在高度集中的计划产品经济模式下制定的统一会计制度，过分强调了专业条条的全国统一规定，形成条条划分过细、规定过死，对全国可以统一，又未能做到统一。可以说，统一性与灵活性两者都未能顾及。当然，那是当时经济体制前提所决定的，并非财政部门或制度设计人的责任。现在随着经济形势的发展，过去颁发的各业统一会计制度都有重新审订、加以补充完善的必要。

在修订统一会计制度纲要中，应结合新的情况做必要的修改。参考国际通用的会计准则并结合实际制定我国会计准则。

我国现行统一会计制度中对工业企业成本项目划分过细，近10个之多，并不适合工业企业多种生产情况，建议在统一会计制度纲要中只划分为原材料、人工成本和费用成本三大项，这可大大减少不必要的成本计算工作量。至于某些专业需要在三大项中细分若干重点成本项目时，可在该专业的成本计算规程中补充规定。长期以来，我们学习外国采用可比产品成本降低额率计算的报表，似乎可以起到考核成本降低指标的作用。

自从党中央提出我国经济活动应围绕提高经济效益这一中心以来，会计的管理职能日益显得重要。会计管理不但对搞活微观经济有着其他管理手段不可替代的作用，而且对宏观经济的控制同样具有重要作用。物价也有类似情况。在宏观控制上必须要求总的物价水平，特别是职工生活费水平的稳定，同时又允许企业在国家规定范围内有一定的浮动幅度。建议核定一个基期工资等级表和职工生活费指数，按指数自动增发工资，就可解决物价与工资的矛盾。财务会计工作也必须跟上新的形势。

个别企业将微型电子计算机用于部分或大部的财会工作。电算化将逐步取代手工操作已是未来的必然趋势。在财会工作上应该未雨绸缪。首先，应在现有手工操作的基础上逐步实现操作的规范化和标准化，对能够统一的凭证，账簿及报表格式逐步统一。其次，对已经试用微机的部分财会工作，设计相应专用的汉字计算机语言和会计通用的软件包，以利于微机的推广运用。对于微机应用中带来的新问题，例如凭证输入形式、账簿存废问题，数据校正、调取等程序都要作出相应的规定。这样才更有利于实现财会手段的现代化。当然，资金、设备、人员条件是否具备也是必须考虑的。

（四）加强会计管理，搞活企业经营

1. 搞活企业经营是经济体制改革的重要目标

党的基本路线是我们全国人民各项工作的指针。建立社会主义的有计划的商品经济模式是我国经济体制改革的目标。而建立有计划的商品经济新体制的首要一条就是"按照所有权经营权分离的原则，搞活全民所有制企业"，可见搞活企业经营在当前改革中的重要性，它是经济体制改革的重要目标。

（1）企业是国民经济的组成细胞，只有激活了细胞的新陈代谢和健康发展的能力，才能促使整个国民经济走上健康发展的道路。这也就是搞活微观经济才能持续稳定协调发展宏观经济的道理。

（2）企业上缴税款和利润是我国财政预算的最主要来源，只有搞活企业经营，才能增收节支，培养财源，实现预算的超收，平衡财政收支。

（3）企业成为独立的经济实体，自主经营，自负盈亏，实行各种不同形式的经营承包责任制以后，超收留成，歉收自补。在这种条件下，企业要增强自我发展能力，也只有搞活企业经营，提高经济效益才有可能。

（4）经济体制改革是一项复杂的社会系统工程，环环相连，丝丝入扣，可谓"牵一发而动全身"。最近党政领导都提出要治理经济环境，整顿经济秩序，抑制通货膨胀，打击官倒私倒。要实现这些重大改革，最重要的还是要企业端正经营思想，增强对改革措施的承受能力，这必须以搞活企业经营为前提条件。

（5）企业深化改革以后，国家、企业和职工个人的利益都密切联系起来了。只有搞活企业经营，提高经济效益，才能实现职工多劳多得，充分发挥

职工对改革及对劳动的积极性，形成良性循环的促进机制。否则就会影响职工积极性，转为恶性循环。

2. 搞活企业经营必须依靠加强会计管理

会计管理是社会经济发展到一定阶段的产物。随着商品经济出发展，会计管理越加显示出其重要作用。会计应用的借贷记账法就是在 14 ～ 15 世纪商业最发达的地中海城市热那亚和威尼斯等地产生发展的。19 世纪以来，在英、美等资本主义国家，股份有限公司风起云涌，促进了所有权与经营权的分离，注册会计师的业务应运而生。

会计科学始终具有活力，随着新的经济形势继续发展。正因为它是一门发展中的科学，对于其职能作用有过多种说法。曾经有人认为会计是艺术，而不是科学；也有人认为会计只是一种管理工具或手段。

如果从发展的观点看问题，以上各种说法都有一定的正确性，但也有其历史局限性。当前认为会计是经济管理的重要组成部分，它是以特定方法处理资金周转信息的一种管理信息系统，以整理加工信息为主要职能，密切联系控制、监督、预测、决策等职能。

（1）会计管理提供企业经营必需的信息。会计信息系统能提供企业供产销，资金周转、经济效益、管理情况等方面的直接信息，也能提供有关政策和市场动态等方面的间接信息。企业销售或生产计划完成进度、资金运用效率，成本升降原因，税利实现情况以及财产管理是否妥善、账实是否相符，就属于直接信息。宏观经济动态、市场行情等就属于间接信息。

（2）会计管理为企业制定主要的经济效益。目前国际和国内公认的企业综合性经济效益指标，有人曾主张用可比产品成本降低额作为效益考核指标，实质上是鼓励"多年一贯制"产品的生产。当新产品不断出现，产品结构部分或全部改变的情况到处都是。

利润指标具有高度的综合性，它受多种经济指标的制约。企业的供、产销指标，资金周转快慢、劳效高低、成本升降乃至生产、经营各环节的质量、技术、业务效率指标的变动都会对它发生直接或间接影响。为了制定目标利润就必须制定有关指标，将它们分解，下达到各个有关责任部门，起到计划的指导作用。在生产经营活动过程中，会计依据这些计划指标进行日常的控制。

（3）会计管理筹措企业经营所需的资金。我国会计部门和会计人员大多兼管企业财务管理工作，除会计信息系统之外，还要负责筹措企业经营所需要的流动资金和固定资金，掌握资金收支和控制费用开支。这就是通常所称的财务管理活动。

（4）会计管理负责维护国家、企业和职工的合法权益。以上所述会计管理的职能似乎仅只在于搞活企业经营，为企业做好服务。实际上不仅限于此。会计人员应以国家的法律制度作为依据，正确处理有关各方的权益关系。

3. 加强会计管理，为改革开放服务

怎样加强会计管理，为改革开放服务呢？具体讲来，措施很多，择要而言，如下述。

（1）要搞好会计基础工作，及时准确提供信息。会计基础工作就是会计人员从接受审核原始凭证为起点，经过编制记账凭证，登记账簿，登账试算，进行账账、账实核对，成本计算，利润计算，直至编出会计报表的全过程。

针对当前会计基础工作仍然薄弱的现状，应该把好凭证复核关口，实现会计工作规范化，提高其准确性和及时性。

系统性是会计管理一大特点，会计管理任何一个环节出了问题都会影响整体。例如一笔账项的差错，就可能造成账证、账账、账实、账表的不符或不平衡。实现会计规范化，防止或减少差错，保证做到准确性和及时性。会计差错都是不应该发生的，弄虚作假，搞"书记利润"或"厂长成本"更是非法的。

（2）重视时间观念，抓紧资金管理。马克思早就指出，节约时间的规律是一项根本的经济规律。马克思的劳动价值学说指明，产品生产的社会平均必要劳动时间决定产品的价值。这就说明产品价值是与劳动时间有密切依存关系的。资金的价值是否与时间有关系？商品经济的实践证明，每个人都珍视现在手头掌握的资金，认为它比未来同额资金的价值要大些，它们之间有个时间差价，或称为资金的时间价值，这差额实际上就是市场利率。这是客观存在的，否认客观规律或客观存在必然碰壁。

（3）配合经营承包责任制的贯彻，推行责任会计。经营承包责任制是实行两权分离，加强经营权责，搞活企业的有效形式。当前我国全民所有制大中型企业正在广泛试行。尽管具体的方式方法不尽相同，但仍具有某些共性。

（4）坚持做好经济活动分析，促进经济效益的提高。经济活动分析是会计人员参与预测和决策的途径，是会计与经营业务和生产技术结合的有效形式，也是调度各级管理人员和全体职工积极性的民主理财方法。

问题是有些单位将分析当成走过场，分析不深透，领导未予重视，群众也未参与，这样必然会影响效果。因此，必须认真坚持做好这一工作。

4. 更新观念，搞活企业经营，为改革开放服务

对会计管理的认识本来属于观念问题，也就是常说的意识形态问题。观念必须适应客观经济形势的变动而更新，这是社会存在决定社会意识，社会意识又反作用于社会存在的辩证法。

适应新的形势，无论是会计人员还是有关会计人员对会计的某些观念都要加以更新。

第一，要树立全面的效益观念。强调企业经济效益，但如企业经济效益与社会效益不一致时，应服从社会效益。

第二，要端正服务与监督的观念。不能认为会计管理只能服务企业经营，不能监督控制。这种将服务与监督对立的片面观点是与会计管理总的发展趋势不相符合，甚至背道而驰的，正确的认识应该是寓服务于监督之中，服务与监督一元化的观念。

第三，要有竞争观念和开拓思想。过去人们总将会计当成守旧思想的代表，这是封建社会"管账先生"的形象在人们头脑中的反映。作为现代会计人员，不仅是能写会算，具有组织经济核算的能力的，而且是熟悉所在企业经营业务或生产技术，能够将它们与会计管理密切结合起来，适应市场变化，作出正确决策或参与决策的人物。

第四，要有民主理财观念。作为一个现代会计人员，应该具有群众观点和民主意识，以法律、制度为依据，做好说服解释工作，向职工定期公布企业财务报告，让大家出谋献策，增加财务的透明度，强化职工的主人翁意识。

三、当代财会制度与专业财会

（一）简化成本核算问题

在制品成本核算应根据企业特点不能一概而论。对于生产周期短，在制品数量或价值占产成品数量或价值的比例很小，或者期初期末在制品价值波动较小的产品，可以不计在制品成本。即根本不考虑期初期末在制品成本，直接以本期投入原材料成本和工费成本作为产成品成本。对于生产周期较长或在制品价值较大，但工费成本所占比重很小的产品，则只计在制品原料成本，不计工费成本。

（二）停工损失的处理问题

按照一般成本核算规程，由于停水停电等事故或其他原因发生的全日停工损失应计入产品成本的单独成本项目内，至于全日停工在 30 天以上经报主管部门批准后可作停工维持费，不计入产品成本，直接转作本年损益处理。主要包括以下三种。

第一，不考虑生产能力是否充分发挥，不问实质上有无停工，将全部工费成本计入产品成本。

第二，按照全年经常产量拟定产品单位成本，每月按实际产量和预计单位成本进行计算，平时将多分配或少分配费用列入预提或待摊费用内，年末，在十二月份内进行调整冲平。

第三，按照设备和劳动力情况制定主要产品的经常生产能力（产量），当某月实际产量超过生产能力时，不考虑停工损失；当某月实际产量低于生产能力时，将一部分工费成本转入停工维持费，不计入成本，只计入损益。

按照第一种办法，产品的单位工费成本经常波动幅度很大，有时甚至超过计划工费成本几倍之多，而分析其原因，主要是原料供应不均衡性带来的结果，常常会因客观上的损失掩盖主观上的浪费，不利于企业经济核算。按照第二种方法，实质上取消了产品的工费成本核算，要到年末才能计算产品的实际工费成本，这也是不利于企业经济核算的。第三种办法，比前两种办法合理。它能正确反映增产带来的成本节约，又能正确划清原料供应不均衡带来的停工损失。

（三）改进工业企业成本核算的设想

改进成本核算应实事求是，具有针对性。当我国工业企业在成本核算方面究竟存在那些问题呢？

一方面，成本核算工作并未引起足够的重视。不少企业生产记录不够完整正确，缺乏先进切实可行的技术经济定额。"没有认真地进行成本核算"，有企业按估计成本转账，或者定期将生产费用缺乏根据地分摊到产品上，甚至采取倒挤成本，囫囵吞枣地转入利润负担。

另一方面，现行成本核算办法过于烦琐，不切实际，脱离主客观条件。中华人民共和国成立以来，我们学习苏联经验，建立了包括成本核算在内的一整套经济核算制度。虽然有不少应该肯定的东西，但其中也有机械搬用，不切实用的成分。许多从事会计实践的同志感到困惑：设置这么多成本项目，计算这些可比产品成本，究竟起到多大作用？也有同志认为成本核算资料贵在运用，不重视运用当然不能发挥作用。

1. 划清生产费、销售费和营业外支出的界限

生产费只严格限于生产过程的耗费，不包括供销门市部等流通过程的耗费。结合当前情况，不少工业企业自设门市部销售部分产品，这类销售机构费用、原材料和产成品超储利息、成品销后服务费、"三包损失"、以及成品保管损耗等项应列为销售费，不计入生产成本，单独核算销售机构盈利，而固定资金占用费和流动资金占用费系生产过程中必要的资金占用应付代价，主要属于生产过程耗费性质，则应列入生产费。至于缴纳税金则应按照不同性质分别处理。

2. 结合生产特点，简并次要的成本项目

中华人民共和国成立以来，我们学习苏联工业会计核算办法，增设了成本项目，曾经设置原料及主要材料、辅助材料、燃料、动力、生产工人工资、生产工人工资附加费、车间经费、企业管理费、废品损失、停工损失等项目。

这种方法大大地增加了核算工作量。近几年来，有的系统对成本项目的设置有所简化，已将原辅材料并为原材料，生产工人工资与附加费并为工资及附加费，但仍嫌项目过多。

四、当代管理信息系统

（一）管理信息系统开发的一般方法

1. 概述

对于一个企业来说，企业的信息至少应该包括有生产信息、销售信息及财务会计等方面的信息。会计信息在这些信息中又是非常重要的基础信息，因而我们说会计信息系统是管理信息系统中的一个非常重要的子系统。

管理信息的开发过程一般由系统分析、系统设计和系统实现三个阶段构成。系统分析和设计如今已经发展出了许多方法，有些方法相互之间只有细小的技术上的差别，有些方法基本思路就不相同。从基本思路出发，主要有生命周期法、原型法和面向对象三种。生命周期法从系统的生命周期出发，用结构化的思路，自上而下，由全局出发全面规划分析，然后一步步设计实现。

2. 生命周期法

生命周期法是一种系统的开发方法。它吸取了以前在系统开发中的经验教训，借鉴工程管理方法，提出系统化，结构化和自顶向下的开发方法，对信息系统的发展起了巨大的推动作用。

（1）生命周期法的基本思想。生命周期法主要采用结构化的方法，其基本思想是：用系统的思想，系统工程的方法，按用户至上的原则，结构化、模块化，自顶向下对信息系统进行分析与设计。它强调以下特点。

①建立面向用户的观点。结构化方法强调用户是整个信息系统开发的起源和最终归宿。系统将来的成功与否，用户的参与程度和满意程度是关键。建立面向用户的观点可使系统分析人员能更多地了解用户的要求，更深入地调查和分析管理业务，使新系统更加科学、合理。

②严格区分工作阶段。结构化方法强调将整个系统的开发过程分为若干阶段，每个阶段都有其明确的任务和目标以及预期要达到的阶段成果，并且前一阶段的成果就成为后一阶段的依据，前后连贯一致，以利于计划和控制工程进度，有条不紊地协调各方面工作。

③结构化、模块化、自顶向下进行开发。按系统的观点，任何事情都是互相有机联系的整体。所以在分析问题时应站在整体的角度，将各项具体的业务或组织放到整体中加以考究，先确保全局的正确，然后再一层层地深入考虑和处理局部问题。这就是所谓自顶向下的分析设计思想。

④工作文件的标准化和文档化。在新系统的研制工作中，每一阶段、每一步骤都来要有详细的文字资料记载。要把本步骤所考虑的情况，所出现的问题，所取得的成果完整地形成文字资料。在系统分析过程中，无论是调查得到的材料，还是同用户交流的资料或是设计的每一步方案都要有明确的记载。记载所用的图形和书写格式要标准化、规范化，使参加本项工作的人一看就明白。资料要有专人保管，要建立一整套管理、查询制度。重视文献资料的整理工作可带来以下三点好处。

第一，严格设立技术资料档案，为研制过程中工作的交接和今后系统的维护提供了原始资料。系统开发工作是一个长期的有许多人参加的工作，而其中每一个人都从事某一部分的具体工作，它们属于个体劳动性质。如何统一协调他们之间的步调，科学地组织，管理好这些个体劳动，设置好他们之间接口是一个非常重要的问题。这接口在系统的分析设计阶段就是所要保存的技术资料。

第二，建立统一的资料可以避免混乱。在研制过程中，每个业务人员对本职工作的表达方式以及系统研制人员对所表达内容的理解程度才有很大的不同。久而久之，这些差异就会酿成隐患，给后续工作带来麻烦。所以建立统一的文字资料，迫使人们当时就坐下来，统一认识。

第三，详细记载工作过程可以使系统研制人员及时地发现问题，总结经验，形成自我反馈，弥补工作中的一些缺陷和漏洞。

以上是生命周期法的结构化系统分析与设计的基本出发点，要求整个系统的研制过程都应该严格遵守这些基本原则。

（2）生命周期法开发系统的一般过程。生命周期法将信息系统的生命周期分为四个阶段：系统分析、系统设计、系统实施和系统维护。信息系统的开发主要涉及前三个阶段。

系统分析阶段可细分为问题描述、可行性研究与详细分析三个阶段；系统设计细分为总体设计和详细设计两个阶段。系统实施指在系统概要设计和详细设计以后的系统实现与交付过程。它分为交付和转化两个阶段。下面对这些阶段的目标要求和要得到的结果进行简要的介绍。

①问题描述。问题描述一般花的时间不长，其目的就是弄清信息系统要解决的问题或要达到的目标，系统涉及的范围。作为这一阶段的结果，要求得到管理人员、系统分析员及用户都一致认可的、无异议的、书面的系统要求。

②可行性研究。可行性分析的最终结果就是向用户的上级管理部门提交可行性报告。可行性报告说明项目是否可行。对不可行的项目到此就终止，可行的项目经有关领导批准后才能进行下一步的工作。

③详细分析。详细分析分两步进行。先进行现行系统详细调查，即对现行管理信息系统本身进行详细了解和深入剖析，通过调查得出详细的系统数据流图、数据字典和一系列算法描述。详细调查完成以后，要根据数据流图和数据字典进行详细的系统分析，然后形成计算机会计信息系统的逻辑模型，作为系统设计的依据。

3. 原型法

原型法是20世纪80年代初随着计算机软件技术的革命而产生的一种与生命周期法完全不同的信息系统开发方法。前面提到生命周期法将系统和工程的概念用于应用软件的研制和开发，用结构化系统分析与设计的方法，自顶向下地有计划有组织分步骤地开发信息系统。但在信息系统开发中仍存在用户与系统研制开发人员之间的思想交流不直观；开发过程较为复杂；所使用的工具落后等问题。为解决这些问题，在新一代应用软件开发环境的支持下，原型方法诞生了。这种方法一经面世，就立刻受到人们的重视，并迅速得以推广。

（1）原型方法的开发过程。与传统的生命周期法相比，原型方法摒弃了那种首先一步一步周密细致的调查、分析，其次逐渐整理出文字档案，编程调试，最后才能让用户看到结果的烦琐做法，它一开始就凭借着系统分析人员对用户要求的理解，在强有力的软件环境支持下，给出一个实实在在的系统模型，这个模型大致表达了系统分析人员当前对用户要求的理解和其希望系统实现后的形式。然后系统分析人员和用户一同对这个模型进行评价。评价一般包括如下四点。

①模型是否准确地反映了信息系统的工作过程。

②模型是否满足用户的要求。

③模型的应用环境以及输入输出形式是否合适。

④进一步的要求和改进意见。

在上述过程的三种可能性中，只有模型完全满意一种可能性是稳定的，其他两种可能性都是在上述流程趋于稳定过程中的一种过渡状态，开始制作的原型若是不可行的，则系统进入循环，反复重建原型，并重新评价，直到基本可行为止。

（2）原型方法的特点。从认识论的角度看，原型方法更多地遵循了人们认识事物的规律，因而更容易为人们所普遍掌握和接受，这主要表现在以下四个方面。

①我们认识任何事物都不可能一次就完全了解，并把工作做得尽善尽美。

②认识和学习的过程都是循序渐进的。

③人们对于事物的描述，往往都是受环境的启发而不断完善的。

④人们批评指责一个已有的事物要比空洞的描述自己的设想容易得多，改进一些事物要比创造一些事物容易得多。

（3）原型方法将模拟的手段引入系统分析的初期阶段。先根据系统分析人员对用户要求的理解，模拟出一个系统原型，然后就这个模型展开讨论，沟通了人们的思想，缩短了用户和系统分析人员之间的距离，解决了传统方法中最难于解决的一环，这主要表现在以下四个方面。

①所有问题的讨论都是围绕某一个确定的模型而进行的，彼此之间不存在误解和答非所问的可能性。

②有了原型后往往才能启发人们对原来想不起来，很难发掘或不易准确

描述的问题有一个比较确切的描述。

③系统的分析和设计人员在工作时，往往是按照自己对问题的理解和工作习惯（方法）来进行工作的，这与具体的工作环境和用户对自己所做工作的描述水平有关，它与实际问题之间可能有较大的距离。这个距离的消除只能靠二者之间一个实实在在的"客观存在"才能消除。

④这个原型能够及早地暴露出系统实现后潜在的一些问题，促使人们在系统实现之前加以解决。

（4）原型方法为我们准确地认识问题创造了条件，这主要表现在以下三个方面。

①讨论的对象是双方都确认的。

②讨论问题的标准是统一的。

③信息的反馈是及时的。

（5）原型方法充分利用了最新的软件工具。例如，与原型方法相适应的模型生成、修改、最终目标的建立运行等一整套的系统开发生成环境，使整个信息系统的研制过程摆脱了老一套的工作方法，时间、费用、效率、质量等方面的效益都大大提高了，系统对外界环境变化的适应能力大大增强。

（6）原型方法将传统方法中的系统调查、系统分析、系统设计三个阶段融为一体。这使用户一开始就能看到系统实现以后是一个什么样子，将会遇到哪些问题，哪些根本就是错误的，哪些需要改进，等等。消除了用户的心理负担，打消了他们对系统何时才能实现以及实现后是否适用等疑虑。

（二）会计信息系统的开发方法

会计信息系统是一个复杂的信息系统，然而会计使用的方法是非常规范的，系统处理的逻辑要求一般是不允许随意变化的，因此，会计信息系统是结构化的，可以使用生命周期法进行设计开发。生命周期法的关键是系统的生命周期。

1. 会计信息系统概述

系统分析阶段包括发现问题，为建立新系统所要解决的问题达成一致的共识。可行性分析是在大家对问题理解一致的基础上，提出新系统的逻辑模型，并对新系统和操作可行性、技术可行性、经济可行性进行必要的论证，写出建立新系统的可行性论证报告，提交主管部门审核和批准并立项。

系统设计阶段是对上一阶段得到的逻辑模型进行物理设计，得到各种可实施的具体技术要求。这一阶段可进一步划分为两个步骤：总体设计和详细设计。

系统实施阶段是按照系统设计的要求，具体构造和建立实际的新系统。系统实施的内容具体有：购置硬件并安装、调试，按设计要求进行编制程序、调试程序，对基础数据收集、准备、整理、装入，对用户进行培训，组织人事变动，最终实现新系统的切换并对新系统进行审计与评价。

理想的情况下，新系统的开发过程应按系统分析、系统设计，系统实施的顺序进行。但在实际开发过程中，情况往往不是这样。开发过程中的每一步出现的任何疏忽都会造成系统开发的失败。一旦发现属于上一步出现的问题时，必须返回到上一步进行修改，这修改可能是部分的修改也可能是彻底返工。

2. 系统分析

（1）问题描述。从哪儿入手去找出问题呢？显然必须从现行系统的调查入手。对于现行系统自然有人认识到问题的存在。认识到问题的人可能是单位的领导，也可能是具体的业务人员；可能单位领导认为某个业务总是完成得不好，达不到期望的目标；可能业务人员在业务工作中遇到困难而需要帮助解决。

对于想要建立计算机辅助的会计信息系统的单位，实际存在的问题可能是各种各样的。问题不同，要求达到的目标就不一样，对新系统的期望和解决方法也就不同。因此，弄清问题所在，确定新系统的目标及涉及的范围对新系统的开发是至关重要的。下面是企业在实际中可能遇到几种问题。

①财务人员反映账务处理工作量太大，特别是财务报表难以及时制作完成，常常是加班加点地干还不能按时完成。

②企业领导认为财务提供的信息不及时，有的信息非要会计期末做完财务报表才能提供，用这样的信息无法对企业的生产经营进行及时的控制。

③企业经营的商品品种规格繁多，在手工处理方式下无法按品种进行核

算，但面对激烈的市场竞争，企业必须加强商品核算才能提高企业的竞争能力，适应市场。

④企业为适应市场不断开发新产品，但成本核算跟不上需要，新产品的定价困难，在一定程度上影响了新产品的竞争能力。

⑤企业为了深化管理，要加强科室核算，但在手工方式下很难推行。一是工作量太大，二是各科室的许多数据都没有采集，用手工方式采集工作量也很大。

对于这些不同的问题，企业要求达到的目标是不一样的，建立新的计算机辅助会计信息系统的要求和范围也就不同，从而新系统选用的方案就不一样。在第一种情况下，只要新系统能用计算机代替手工并模拟手工操作就能满足要求。在第二种情况下，新系统不能仅仅是用计算机模拟手工操作，模拟手工方式是达不到要求的。

将企业要解决的问题以书面形式反映出来，这是系统分析员的任务。系统分析员在同企业的领导及业务人员进行交谈并了解了企业的问题后，必须将问题涉及的对象和范围用清楚明了的语言描述出来，再反馈给企业领导及业务人员，由他们来纠正系统分析员理解中的错误和误解，形成正式的问题描述文档，作为后续开发过程的依据。

（2）可行性研究。最先要研究的是，设想的方案在实际操作中是否可行。新系统实际操作的可行性需要从两个方面进行分析，一个是企业的环境、管理水平、人员素质等因素，另一个是新系统功能设计。

新系统设计得再好也不过是用计算机作为工具辅助人进行会计信息管理。人的因素是最重要的，如果人对新系统没有积极性甚至有抵触情绪，那么新系统设计得再好也是不可行的，即使要上，最后结果也注定是失败的。因此，要对企业的领导及一般业务人员进行调查，了解他们对系统的看法，必要时还须进行宣传解释工作。企业现行的管理水平、基础工作、人员素质也都是非常重要的因素。

新系统的功能设计既要方便用户使用，使用户在各种特殊情况下都能方便地处理，又要符合各项财务制度的规定，还要方便有关部门对财务进行监督和审计。例如，账务处理中，只需录入记账分录，就可让计算机自动进行处理，生成各种科目总账，这种方案是可以实现的，但实际操作是不可行的，因为账簿记账方式不符合手工记账程序，有关部门难以监督和审计。

设计方案中要用到各种技术，对这些技术需分析其是否可行。例如，计算机要进行联网，采用什么样的网络技术，网络技术是否成熟，其通信性能能否达到要求；选用什么样的服务器，服务器的性能是否满足需要；选用什么数据库系统，对这些技术问题须逐一进行仔细的分析。

可行性研究的一个重要方面就是经济可行性分析，对于新系统的设计方案除了操作可行，技术可行，还必须在经济上有利。对新系统设计方案要进行投资估算。虽然在可行性研究时，系统的设计方案不可能很细，要准确估算投资是困难的，但进行一个大概的估算是可以的。对新系统可能带来的效益也要进行估算，既要估算直接经济效益，又要估算间接经济效益。通过投资效益分析，可用投资回收期或投资回报率来对系统方案进行定量描述。

可行性研究的最终结果是可行性报告。有了进一步调查的资料、各种可行性分析的结果，就可着手进行可行性研究报告的编写。报告内容包括：企业组织机构及管理概况，现有会计系统的概况，新系统的大致轮廓，研制新系统的计划、措施，所需人、财、物及时间资源清单，新系统操作可行性分析，技术可行性分析，投资效益分析和可能出现的新问题。可行性报告交企业或有关主管部门审批。

（3）详细分析。详细分析过程中要避免过早涉及例如程序设计、数据库、计算机设备等物理细节。详细分析的目标是逻辑模型，用户对逻辑处理清楚，但对程序设计等物理细节不清楚，过早介入这些物理细节，就会失去用户的参与，从而导致系统分析失败。

3. 系统设计

一旦系统分析完成后，就得到了系统的逻辑处理模型。系统要完成的功能、数据处理方法都确定了，接下来要做的就是设计实现这一逻辑处理功能的物理模型。系统设计分为总体设计和详细设计：总体设计确定系统的总体框架及构成；详细设计确定系统的各个部分的细节。

（1）子系统及功能模块的划分。会计信息系统数据多，处理流程复杂，规模较大，而且不同部分在数据处理上各有特点。因此，无论是建立单独的会计信息系统，还是作为全面的管理信息系统的一个子系统，都需要划分成若干子系统，各子系统又进一步划分为不同的功能模块。

在进行系统的功能模块设计时，既有自顶向下的系统设计方法，也有从下至上的系统设计方法。自顶向下的系统设计方法是先从系统的总体出发，分解系统的各部分。系统的总体功能总是可以分解为几个相对独立的子功能来体现的。子功能又可以进一步细分，最终分解成基本程序模块，并用层次结构图表示出来；从下至上的系统设计方法正好相反，先从系统的基本功能出发，分析各个基本功能的情况，看哪些功能可以合并为一个基本功能模块。相关的模块放在一起就组成更大的功能模块或子系统，最终得出整个系统。整个系统仍用层次结构图来表示。

（2）数据库初步设计。会计计算机辅助信息系统主要涉及的是大量数据的事务处理，因此，一般都需要使用数据库系统来进行数据的管理，以降低系统开发的复杂程度。系统分析员必须在系统分析阶段所做的数据流图及数据字典的基础上进行数据库的初步设计，数据库初步设计通常要确定数据库要由哪些表组成，每个表中包含哪些信息。

（3）计算机硬件的选型及配置。设计会计信息系统的总体方案时，不可避免地要碰到计算机硬件选型和配置问题。对于单机系统这个问题比较容易解决，因为现在一般的微机的性能都能满足要求。但对于网络多用户系统，这个问题就麻烦一点。在网络环境下，要根据处理业务的需要，进行网络的选择、服务器的选择，这些都涉及许多技术的问题。

（4）系统软件的选择。系统软件指的是操作系统及数据库系统，对于网络系统还涉及网络操作系统。它们是会计信息系统开发的基础平台，选择不同的平台，对后续的开发影响很大。

（5）项目工程进度计划。一旦系统软、硬件配置方案确定，数据库及基本模块设计好，整个系统的轮廓就出来了，整个系统的任务也清楚了。必须根据系统的任务来安排整个工程项目的进度计划，作为工程管理的依据。

4. 系统实施

系统实施阶段主要的工作有：硬件的安装调试、基础数据收集准备、软件开发、软件调试、管理人员培训、系统转换等。

（1）硬件的安装调试。进入系统实施阶段，应先将系统所需的硬件，即计算机设备、网络设备及其他有关的设备，按设计要求进行购置、安装调试好。这样才能在计算机上进行系统软件的开发，为后续工作的开展奠定基础。

由于系统硬件的投资在整个系统中占有很大的比重，因而投资应慎重。计算机的技术进步发展非常快，而其价格一直呈下降的趋势，加之软件开发一般也需要一段时间。为降低系统的投资费用，对于较大的系统，一般多采用分期投资方式，而不宜一次到位。开始投资的目的是建立一个必要的开发环境，在满足开发要求的前提下尽可能减少硬件的投资，等软件开发完成后，再投资购买其他设备及进行安装工程。

基本开发环境的计算机硬件购置后，要进行安装调试。除了硬件安装调试外，还要进行系统软件的安装调试。系统软件包括数据库系统软件、网络系统软件等。系统软硬件安装调试完毕，为软件开发创造了基础条件，就可开始进行软件开发了。

（2）基础数据收集准备。基础数据收集准备工作是系统实施阶段的一项基础管理工作。该工作要求仔细、准确，而且工作量大，特别是对于手工管理时管理不是很细的单位更是如此。尽管计算机进行数据处理具有速度快、准确性高等优点，但计算机没有思维，不会像人一样随机应变，灵活处理，它只能严格按事先规定的逻辑进行处理。

会计信息系统的基础数据一般有：科目编码表、职工编码表、部门编码表、商品基础信息、材料基础信息、客户基础信息、固定资产基础信息、工资基础信息等。它涉及的部门多，而且面广，数据量大，因而要求各部门通力合作，一起配合才能完成。

基础数据不仅对于整个会计信息系统投入运行是必不可少的，而且对软件的开发和调试也同样必不可少。软件开发时如果没有数据，就无法知道程序是否符合设计要求；软件调试时更是如此，没有基础数据就没法对程序进行调试。

（3）编写软件。编写软件就是指编制计算机程序的过程。它是把系统设计阶段设计的各种系统界面、输入界面、输出界面、数据库系统及各种处理模块在计算机上实现的过程。

编写软件与系统选用的系统开发有很大的关系。不同的开发平台，对开发人员的素质要求不同，开发人员面对的对象不同，开发的效率也不同。

早些年代，人们使用高级语言编程，用文件进行数据的存贮，对编程人员的计算机素质要求很高。20 世纪 80 年代后，由于个人计算机的广泛应用和数据库技术的迅速发展，个人计算机上的数据库语言简单易学，逐步取代了高级语言。使用这种语言比使用高级语言编写财务软件要容易得多。

进入 20 世纪 90 年代后计算机网络技术迅速发展，单机系统的单项管理已不能满足发展的需要，人们开始使用网络上的多用户数据库系统进行数据管理，开发会计管理信息系统。同时面向对象技术的迅速发展，出现了各种各样前端的开发工具。这些工具采用面向对象技术、图形界面接口技术，使开发人员不再使用一条条编程语句，而是使用用户使用系统时所看到的界面对象进行编程，即对这些对象的有关属性进行定义就可实现编程。采用这种"所见即所得"的方法编写软件，使一般对计算机知识了解不多的人，只要熟悉业务处理过程，也能方便地编写出可用的软件。

这一类开发工具很多，开发人员在编写软件时，面向的不是怎样用语句去一行行地编写程序，而是怎样定义用户使用的对象，例如菜单对象、屏幕对象、屏幕中各种组件对象、报表对象等。定义时所看到的就是将来用户所使用的，非常直观、方便。给对象定义时所要做的就是安排对象外观位置，设置或改变对象的有关属性，对有关事件编写响应程序，所有对象定义好后就可以编译执行。

（4）软件调试。软件调试就是对编写好的程序进行测试，看其是否完全符合设计的要求，准确实现设计的逻辑功能。调试分为两个层次，一个是单元调试，另一个是系统调试。

单元调试是指对组成会计信息系统的各个程序进行测试，也称为程序测试。单元调试要针对一个个相互独立的模块进行测试，以寻找可能存在的错误。

单元调试时需要对模块处理的每种条件与选择都进行，包括意外非正常条件的测试。如果模块是数据输入模块，那么既要进行正常数据的输入测试，也要进行非正常数据的输入测试，看其在各种条件输入条件下是否都能正确处理。

系统调试是对所有模块构成的系统进行总体的测试。它的目的是检验系统设计的原始目标与实际开发的系统之间的差异，看其是否达到预先设计的要求。

（5）系统维护。甩账只是新系统的开发过程结束，但对于系统的生命周期来说它却是进入了一个对系统来说更为重要的阶段，即系统维护阶段。这是一个漫长的、耗费人力和物力的阶段，也是技术人员最缺乏兴趣的阶段。新开发一个系统不容易，但要使系统正常使用更不容易。任何一个信息系统，只要不进行系统维护，就肯定是个短命的系统，会计信息系统也是如此。

5. 系统维护阶段的主要任务

（1）数据备份。会计信息系统中的各种数据对企业来说是性命攸关的，它的价值远远超出系统的开发费用，这些数据如发生意外，是任何一个企业都担当不起的。因此，对这些数据必须进行定期的备份以防意外。

对不同的系统，备份的要求是不同的。对于简单的单机系统，只要简单地将数据库文件定期拷贝到软盘上就行了。对复杂的多用户数据库系统须制定相应的备份策略及备份制度，严格按其执行。备份的数据介质要妥善保存，一般不能同计算机系统放在同一个地点。

（2）软硬件维护。软硬件维护是系统正常运行的必要条件。硬件维护是显而易见的。软件维护包括对系统功能进行某些调整和修改，以及改正在系统开发时可能留下的小毛病。不管系统开发时设计得多么周到，系统的功能多么完善，在使用的过程中人们都会发现有些需要调整的地方；同时，随着时间的推移，会计处理业务也会有所变化，原有的一些功能也就不适应业务处理的要求。

第六章　中小企业财务管理的改革与创新

第一节　中小企业财务管理存在的问题

伴随着我国改革开放的不断推进，我国的中小企业不断发挥重要作用：为我国的综合国力的提高做出了重要贡献，同时也提供了大量的就业机会，缓解了我国的就业困难问题，在我国的整体经济发展中发挥了不可替代的作用。就我国目前的整体经济发展架构分析，大部分为中小型企业，但是近些年中小企业的整体发展局面一直不容乐观。

一、我国中小企业财务管理现状

1. 机构设置

我国中小企业的财务管理部门的职能主要是集中在对企业的流转资金进行组织管理，同时通过更为全面的管理实现对企业财务行为的有效控制，财务管理机构从本质上分析，属于企业的职能管理部门。从组织形式角度分析，我国的中小企业财务管理机构主要由企业账面财务、企业会计核算审计管理两个机构合并发挥作用。该种企业财务管理组织形式属于融合了企业财务与企业会计管理两个职能部门，有着明显的优势特征：实现了整体化的财务会计管理组织规范，二者的职能关系较为清晰。

2. 岗位设置

到目前为止，我国的大部分中小企业的管理以及企业组织模式依然停留在传统的家族式管理，所以就容易导致企业的财务会计管理机构的实际岗位设置出现重复和交叉等问题。很多的中小企业管理者自身由于个人能力以及观念局限，忽视财务管理的职能部门在整体企业管理中的地位，管理机制缺乏有效整合。

3. 职能效率

从宏观的财务管理内涵角度分析，财务管理属于企业进行财务活动的组织以及财务关系的梳理的一项综合性财务管理工作。很多企业在实际的发展过程中很容易忽视财务管理工作的重要地位，单一专注于企业的生产效率、企业的生产营销效果，以及实际企业盈利状况，这种不合理的企业管理和经营模式很容易导致企业无法很好地实现整体效益的提高，不利于未来的专业化、产业化发展。

4. 融资模式

从融资模式角度分析，我国的大部分中小企业个体经营管理模式特点主要体现在企业的实际融资方式上，明显区别于大型国有和外资企业，其有明显的个体私营化特征，自由度较高，但是同时风险性较大，合理化和合法化程度不高，实际的资金流转和使用没有规范的管理标准。

二、中小企业财务管理存在的问题

1. 经营风险高同时融资困难

近些年来，虽然我国的中小企业发展更新速度较快，但是实际的管理经营水平和经营风险较高。其主要原因集中在企业的内部管理和协调机制不健全，无法发挥实效，中小企业的整体产品生产工艺水平落后，产品质量无法得到保障。

2. 管理人员融资意识薄弱

首先，大部分的中小企业没有良好的现代化管理经验和负债的现代化处理经验，对企业的实际负债与企业的运行利润统计之间的关系没有明显认识，没有从企业发展的高度去审视企业的融资问题并寻找合适的解决方法。其次，很多的企业管理人员的管理理念较为传统，没有从现金流规划和企业利润评估的高度进行企业管理，没有从资本价值和现金流利用最大化的角度进行资本效益发挥。

3. 财务管理制度不健全

企业财务管理制度的不健全也是影响企业发展的重要因素。企业的实际经营效果如何会直接受到来自企业内部财务管理制度的完善程度以及资金整体运筹能力的影响。国际的金融竞争状况研究也进一步表明在中小企业竞争发展过程中财务管理制度的发展进步起到了关键性作用。

4. 有效信用担保体系欠缺

企业的社会性信用系统的建立不完善，很容易导致实现企业诚信度的提高困难重重，从而导致企业无法获得良好的社会效应。对此可以鼓励银行同步增加无抵押、无担保的中小企业信用贷款，配合建立起多渠道的中小企业贷款风险分担机制，进行财政服务引导，多主动参与投资。从而形成全社会多元主体的中小企业融资支持模式。

第二节　中小企业财务管理的对策

一、政府提供专项资金支持

通过政府的专项资金支持可以很好地解决企业的融资困难问题，我国在2013 年设立了扶植中小企业发展的专项资金，实现对中小企业发展的重点支持，同时通过专项资金服务能力的提高，可以利用网络化信息平台进行业务的及时报送。

二、提高财务管理人员素质

应该对财务管理人员的业务能力培训，综合提高财务管理人员素质，中小企业的财务管理人员应该具备良好的业务能力，端正工作态度，不断学习以谋取自身知识结构的不断完善和更新，进一步提高新竞争形势下的财务管理水平。合格的财务管理人员不仅要具有良好的组织和管理能力，同时还要具有良好的道德素质，自觉对公司整体利益进行维护，抵制在财务管理过程中的造假行为，严格遵守企业的财务管理规章制度，从而高效率高质量地完成自己的财务管理本职工作，严格保护公司机密信息，维护公司安全。

三、完善财务管理制度

公司内部的财务管理部门应该对自己的财务管理职责进行明确，同时建立起系统完善的财务管理规章制度。加强企业的内部财务管理和经济账目核算，提高资金的整体利用效率，实现公司各部分资源的优化利用，积极纳税。

四、健全信用担保体系

通过健全我国的中小企业信用担保体系，可以实现中小企业的信用度提升，可以在很大程度上实现我国中小企业的稳定持续发展，从而解决好企业在实际发展过程中遇到的融资困难问题。信用担保一直都被公认为风险较高的行业，所以针对信用担保必须采用极为严格的措施来进行风险防范和风险控制。可以采取高标准的市场准入原则的制定以及对中间担保主体的注册资金进行合理规定。

伴随着我国社会主义市场经济的不断发展进步以及经济全球化的不断发展深入，我国的各大中小企业发展群体将面临更为激烈的竞争和挑战，因此，应该积极借助政府的推动力量，引导和推动我国的中小企业实现产业转型升级，推进创新性发展战略的制定和完善；扶植我国具有发展潜力和优势的中小企业建立起政策性的中小企业银行，实现银行与企业之间的互利合作关系的进一步深化，从而实现商业信用体系建立以及融资发展水平的提高，实现我国信用担保体系在中小企业中的良好构建；提高我国中小企业的整体管理水平和管理人员综合素质及能力，提高企业综合竞争实力，无论是产品还是运营服务都更加精细化管理，实现产品特色化进步，实现我国中小企业的未来转型化、系统化、科学创新化发展。

第三节　中小企业财务管理行为的规范与优化

一、完善财务管理体系，加强对中小企业的资金控制

要完善中小企业财务管理体系，加强财务管理，首先，需要改变传统的分散财务管理模式，构建资金结算机制，注销中小企业旗下各部门在外部银行的开户，由结算机构统一进行银行开户，并由结算机构对收入支出进行控制与管理；其次结算机构要及时、准确、全面地了解各部门资金的去向以及收入、支出状况，有效控制资金，加速资金的周转速度，进而构建自上而下的集中管理体系，实现对中小企业内部资金的管理、控制、监督，从源头消除挪用资金、转移资金的事件。中小企业经营的主要目标就是为了获得利润，在此过程中，要面对激烈的市场竞争，并处于生存、发展、萎缩、倒闭这一动态变化过程中。因此，中小企业必须不断发展才能够获得利润，进而维持中小企业的生存。

二、加强中小企业的预算管理

中小企业从市场中获得的资金需要大于投入资金，才能够维持中小企业的不断发展。中小企业为了扩大经营规模，可以通过向银行贷款或在市场中筹集资金，以此推动中小企业的发展。在此过程中中小企业的资金一定会流出，这就要保障中小企业库存资金能够维持中小企业的正常运营，避免资金周转不灵等问题出现。预算管理作为财务管理与控制的一个环节，加强预算管理能够提升财务管理的有效性，建立全面的财务管理体系是中小企业完善内部控制机制的具体表现，加强预算管理能够保障中小企业生产与经营的有

序开展，同时，也是中小企业进行财务管理的重要依据。加强预算管理，首先需要扩大预算管理范围，从单一经营资金预算控制到生产、经营、投资等全面的预算管理，进而实现对资金的集中控制。

三、建立健全经济管理体系

本节主要就现金管理、应收账款管理、存货管理等方面展开讨论。现金管理方面：现金是中小企业资金流动性最强的因素，同时也是中小企业经济管理中的重要内容。基于现金在价值链中的重要性，中小企业财务管理部门需要充分认识现金的流动性，保持充足的库存现金，以便支付中小企业短期债务。定期盘查库存现金，保障中小企业资金安全。应收账款管理方面：其一，中小企业通过应收账款来提升销售额，进而提升中小企业经济效益；其二，其存在可能导致中小企业资金周转缓慢，甚至出现坏账等问题，需要制定科学的应收款项信用评价机制，通过信用评价来规避坏账风险。存活管理方面：拥有一定的存活能够迅速满足中小企业发展需求，为中小企业运营提供较好的保障，避免由于缺货造成的经济损失；同时，盲目囤积货物可能导致持有成本增长，对中小企业盈利能力造成严重影响。

四、加快财务管理信息化的建设

现代信息技术的发展，推动了中小企业管理水平。计算机技术及财务管理软件的出现为我国中小企业管理提供了较大的便利，同时也对提升中小企业管理思想、转变管理模式具有重要影响，并且能够实现中小企业资金的集中管理，是现代中小企业管理的必然选择。

五、提高财务管理人员的专业素质及管理水平

由于中小企业的发展规模不大，许多中小企业的财务管理人员都不是财务管理专业，且未经过财务管理相关知识与技能的培训，没有正确认识到财

务管理的重要性，认为财务管理只是简单的记账、算账，不清楚财务管理对企业经济效益的影响，导致财务管理没有起到应有的作用。要保障中小企业财务管理的效率和质量，应当转变中小企业财务管理人员的传统的思想观念，注重提升自身的财务管理水平。中小企业可以定时组织员工展开职业教育，注重提升财务管理人员的文化素质及管理技能。中小企业在财务管理的过程中要注重实事求是，将保证财务管理的真实性和准确性作为工作重点，在此基础上不断规范自身的管理行为。中小企业需要健全财务管理制度的相关规范和要求，降低财务风险，加强员工专业技能培训，提高财务管理人员的专业素质，从而提高中小企业财务管理的经济效益。

第四节　中小企业财务管理创新途径

一、创新中小企业财务管理的途径

（一）加强财务资料管理，进行财务管理基础创新

无论是中小企业还是国有大型企业、外资独资或合资企业，各类企业进行财务管理的基础都是财务资料。因此，企业应该加强对财务资料的管理，以创新财务管理的基础，保证财务管理活动始终高效。财务管理资料指的是那些能够运用到财务管理活动中的档案文书和文件，这些资料来源于财务工作的各个方面，例如财务工作人员自身的工作结果、企业个部门上报的资金支取和收入报表、企业员工流动的成本费用支出等。建议企业从以下两个角度进行创新：其一，使企业档案管理部门对财务档案进行特别的分类，并提前与会计核算时间，提交到财务部门，使这些资料成为企业财务工作分析的基础，从而提高财务管理工作的作用范围；其二，将中小企业的财务资料管理信息化，建立财务资料数据库，使数据库资源直接参与财务管理，可以有效地改善中小企业财务资料的管理模式，优化其管理手段，从而提高其管理水平。

（二）建立财务管理论坛，革新财务管理思想

财务管理思想是指导企业财务管理工作的核心，财务管理思想指明了财务管理的方向，也决定了财务管理的细节。因此，对中小企业财务管理进行创新，就必须先使财务管理思想革新。中小企业的财务管理思想落后，是由于中小企业对财务管理工作的实际意义把握不准造成的。对于企业管理层来说，财务管理被认为是企业管理中的重点，因而不能被赋予他人，可管理者还是要求每个员工站在企业的角度去履行与财务管理有关的职责，例如按时上报部门业绩、进行绿色办公以节约企业资源和能源等；对于企业员工来说，财务管理被认为是管理层的责任，与普通员工无关，很多员工并不了解企业的财务管理制度，不理解财务周转的周期性，在必要的资金审批时间过长时还会心生抱怨，这样的思想造成了财务管理思想的落后。企业领导者和财务管理工作人员还应该积极主动地参与各地财务管理论坛和管理工作发展会议，在会议中学习其他企业先进的财务管理思想和财务管理方法，以促进本企业财务管理思想的发展。

（三）积极拓展融资方式，使财务管理内容有所创新

中小企业财务管理停滞不前的根本原因，在于企业财力不足，在"无钱可管"的情况下，大多数企业都认为科学的财务管理办法对于企业发展来说是没有必要的。因此，有必要对企业财务管理的内容进行创新，即把财务管理的重点从管手中的钱转到实现企业盈利的方向，使企业财务管理的范围扩大，以促进企业财务管理活动不断发展，积极拓展融资方式，是实现这一目的的可行方法。大多数中小企业所采用的投资方式都是使用大量的资金在短时间内获得高额的利润，以迅速提高企业的资金占有量。但是，利润越高的投资方式，其风险也就越大，这也是很多中小企业因投资失败导致企业财务困难的原因之一。中小企业还应该对企业自身的优势加以有效利用，企业在行业内的信用度、企业员工对企业的依附感和忠诚度，都可以作为融资的优势，企业可以联合行业内多家中小企业，共同确定融资方向，通过汇集大宗资金，加入大型的、相对风险较低的债券融资；或者采用分散股权的方式，

在企业职工内部形成自我发展式的融资，将企业的利益分配方式转换为融资方式。

（四）提高财务员工技能，使财务管理结果有所创新

财务管理从表面上来看是对钱的管理，但实际上，实施管理措施的是企业员工，财务管理的结果也是由财务部门管理者和员工通过财务报表展现出来的。因此，要创新财务管理，使财务管理对企业发展的积极作用展现出来，就必须创新财务管理结果，使财务管理能够从各个角度对企业管理的状况进行描述。要做到这一点，就必须提高财务工作人员的职业技能，只有这些员工的职业技能提高了，财务管理的数字才能表达出更多管理结果。一方面，中小企业应针对目前财务管理发展的趋势，聘用专业的财务人员，来管理单位的财务工作，以便在单位实现人本管理和科学管理；另一方面，要提高企业领导的财务管理水平，对财务人员进行培训的时候，领导也要参加，丰富他们的财务知识，使其认识到财务管理虽然不能创造利润，但可以协助管理，是企业内部管理的重要组成部分。

（五）进行财务监督反馈，促进财务管理制度改革

财务管理制度是财务管理活动的准则，是财务管理思想的表现形式，也是财务管理方法实施的出发点。对中小企业的财务管理进行创新，应以财务管理制度的改革为结点，使财务管理的新局面呈现在管理制度中，确保财务管理创新策略能够被妥善执行。对财务管理制度进行创新，要以财务监督和反馈为基础，对会计制度进行改善，建设企业财务管理监督机制是十分必要的。企业应该加强对会计工作人员的业务检查，会计工作符合国家基本的会计制度，并且符合企业财务管理要求，即实现会计工作人员的财、权分离，使会计工作成为企业的服务型工作，而不是权力型工作。这些严密的内部监督和审计行为，能够使企业管理者快速发现财务管理中存在的问题、发现财务管理创新对企业财务管理整体面貌的改进作用，在这基础上进行的企业财务管理制度改革才能够真正起到约束财务管理行为、展现财务管理效力的作用。

二、创新财务管理对中小企业发展的意义

(一) 提高企业竞争力

财务管理的工作重点在于企业的资产管理，高效的财务管理结果表现在企业的资金利用合理、企业内部资源分配合理、企业资金运转流畅等方面。成功的企业财务管理将使企业的利润率达到最大，在不断提高利润的情况下，企业本身的资本会更加雄厚。一切财务管理创新的结果都直接指向企业资金的高效利用以及企业的盈利，因此，财务管理创新一旦成功，企业在同行业的竞争力也会不断提升。

(二) 提高企业管理效力

财务管理作为企业内部管理的途径之一，其发展直接影响到企业管理的效力。财务资料管理的创新使财务管理作用更全面，财务管理思想的创新使财务管理责任扩大到每个员工身上，财务管理内容的创新使企业盈利，财务管理结果的创新和财务管理制度改革使财务管理的作用扩大。

(三) 有效规避风险

创新财务管理对中小企业发展的深层意义在于，财务管理范围越广、管理方法越科学，财务工作人员能够获得的财务资料越丰富，财务数据就越科学。科学的财务数据对企业发展能够做出全面的描述，远比传统财务管理在账目上的资金状况能显示出来的内容多。

三、进行中小企业财务管理途径创新时需要注意的问题

(一) 创新方法要符合企业实际

中小企业财务管理创新的根本目的是要使财务管理的内部控制能力得以完全发挥，使财务管理朝科学管理方向发展，进而能够促进企业发展。因此，

无论使用何种办法实现企业财务管理的创新，财务管理的方法都应该以企业经营的实际相符合。

（二）注意在创新过程中使用先进技术

中小企业财务管理创新的背景是新经济时代的到来，新经济时代所独有的资本知识化、交易虚拟化和企业活动个性化等特点，都是通过信息技术实现的。因此，在中小企业财务管理的创新过程中要始终注意对先进技术的利用，其中不仅包括先进的财务管理软件和会计核算方法，还包括对企业资产进行核对的先进方法和先进思想等。财务管理技术的应用对财务管理作用的展现具有重要的影响，企业财务管理创新只有在管理技术的合理应用情况下，才能真正发挥作用。

（三）注意不断总结创新经验

中小企业财务管理创新是企业发展的必然要求，而在企业不断发展的过程中，财务管理创新也并不是一成不变的，今天的创新在明天可能就成为陈旧的管理策略，因此，财务管理创新的途径并不是单一的，而是随着企业的发展不断改进。企业管理者和企业领导应该不断注意总结财务管理创新的经验，通过发现财务管理中的问题并结合企业发展战略，去判定财务管理创新的方向，评价财务管理创新的价值。基于经验总结的财务管理创新是具有活力的，是与企业未来发展要求相符合，能够满足企业需要的。要对财务活动与其他各项管理活动进行评价，例如企业发展战略方针的落实情况、企业财务活动的执行情况、企业会计信息的真实性、内控管理工作的协调情况等。一些中小企业因为受自身经济条件的限制，并未设置独立的内部审计机构，在这种情况下也可以由几名和职能部门不相容的员工负责审计监督工作。

参 考 文 献

[1] 肖侠. 财务管理 [M]. 北京：清华大学出版社，北京交通大学出版社，2010.

[2] 刘恩，陈琳. 企业财务成本控制技术 [M]. 北京：中国经济出版社，2003.

[3] 张家伦. 财务管理 [M]. 北京：首都经济贸易大学出版社，2012.

[4] 刘建明. 财务管理 [M]. 郑州：郑州大学出版社，2008.

[5] 马忠. 公司财务管理理论与案例 [M]. 北京：机械工业出版社，2008.

[6] 刘明辉. 高级审计研究 [M]. 大连：东北财经大学出版社，2009.

[7] 孙晶. 审计基础与实务 [M]. 北京：中国人民大学出版社，2009.

[8] 黄良杰. 审计 [M]. 北京：清华大学出版社，2009.

[9] 林丽文. 企业会计报表审计方法与实务 [M]. 北京：中国市场出版社，2008.

[10] 彭岚. 财务管理 [M]. 北京：清华大学出版社，2008.

[11] 刘名旭. 企业财务柔性研究 [D]. 西南财经大学，2014.

[12] 薛绯. 基于财务风险防范的战略预算管理评价与优化研究 [D]. 东华大学，2013.

[13] 陈灏. 中国中小企业融资困境与制度创新研究 [D]. 福建师范大学，2013.

[14] 朱华建. 中国企业财务管理能力体系构建与认证研究 [D]. 东北财经大学，2013.

［15］赵清．国有企业财务管理中的监督体制研究［D］．中国矿业大学（北京），2013．

［16］何召滨．国有企业财务治理问题研究［D］．财政部财政科学研究所，2012．

［17］权思勇．创新型企业财务预警系统研究［D］．东华大学，2012．

［18］王海兵．以人为本企业财务问题研究［D］．西南财经大学，2011．

［19］金明慧．基于循环经济的企业财务管理问题研究［D］．东北林业大学，2008．

［20］于琦．"营改增"对企业财务管理的影响与策略［J］．财会学习，2018（01）．

［21］巩方超．济南私营中小企业财务管理现状及策略研究［D］．湖北工业大学，2017．

［22］曾亚琼．通信企业财务业务一体化管理研究［D］．广东财经大学，2017．

［23］王倩茹．电子商务环境下中小企业财务管理模式创新研究［D］．西北农林科技大学，2017．

［24］穆飞岩．纳税筹划对房地产开发企业财务管理的影响研究［D］．太原理工大学，2017．

［25］贺星．互联网环境下企业财务管理模式创新研究［D］．陕西科技大学，2017．

［26］王卫星．基于多学科视角的企业财务管理拓展与创新探讨［J］．会计研究，2016（11）．

［27］张继德，胡月．新常态下企业财务管理创新动因、初始条件与策略研究［J］．会计研究，2016（08）．

［28］张盛勇．财务管理创新：影响因素、模式选择与路径规划［D］．东北财经大学，2016．

［29］杨修．我国电子商务企业财务管理模式形成机理研究［D］．吉林大学，2014．